0《ゼロ》フォース

ガイアの法則Ⅲ

千賀一生
Kazuki Chiga

ヒカルランド

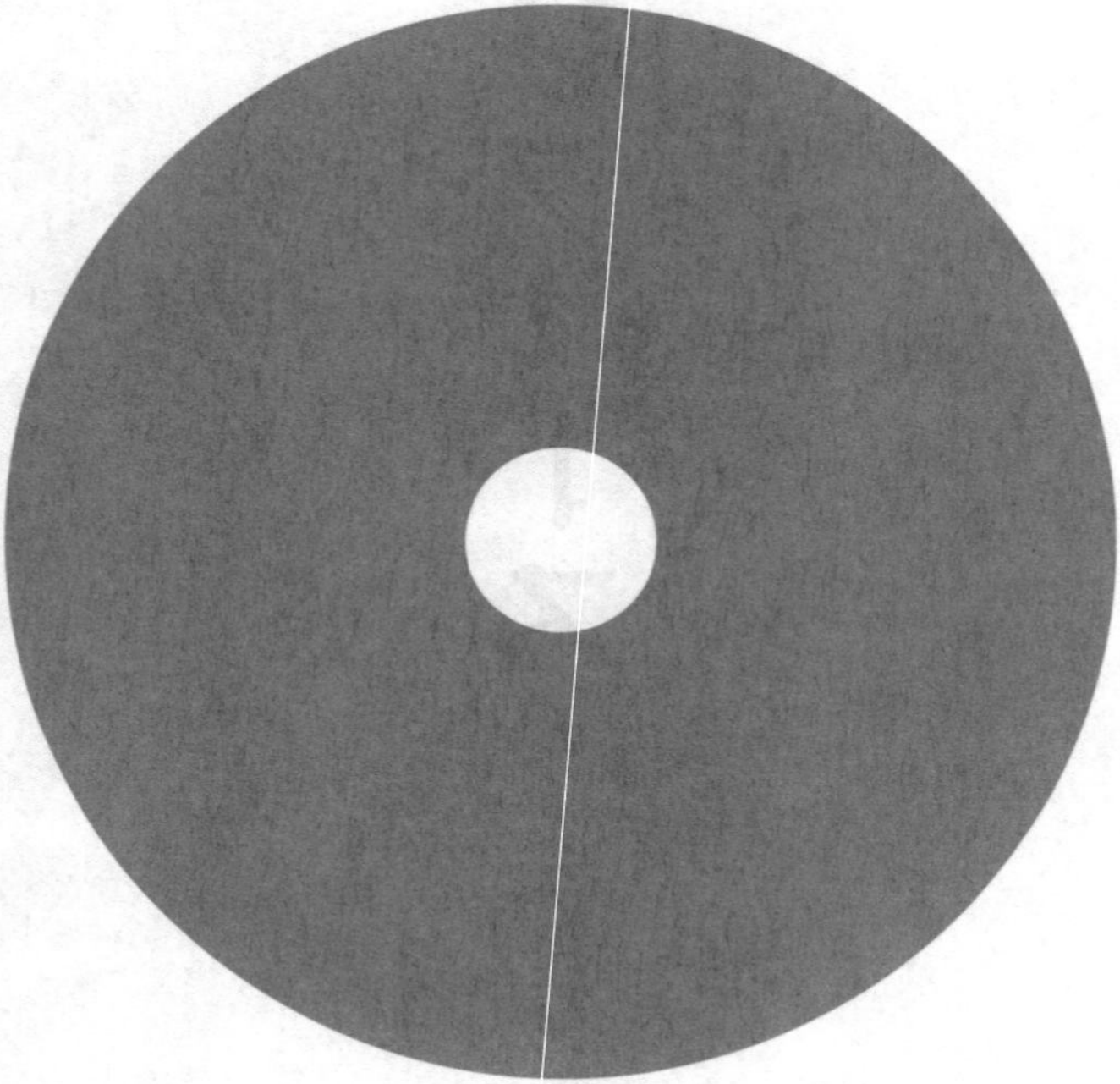

本書は、現代とは異なる、縄文と通ずる
宇宙的認識を下敷きにしています。
その宇宙的認識そのものについては、
noteの『個人の限界値を超える力の秘密に迫る』の中で、
宇宙論として詳しく解説しています。
理論を重視されたい方は、そちらをお読みの上で
本書をお読みいただくと、
本書の内容をより正確にご理解いただけます。

Jomon Code

未知なる文明、Ｊｏｍｏｎ
その驚くべき真実が、今、明らかとなる
ストーンサークル、集落構造、縄文土偶……
縄文の謎のことごとくは
一つの信じ難き原理の実在を語っていた

彼らはなぜ、人類史上唯一
争いや対立を完全超越できたのか

彼らの遺産には、
争わざる未来文明に不可欠な
未知なる力とその形成原理が
暗号的に刻まれていた

その原理は、
現代文明を根底から覆す力をもっている

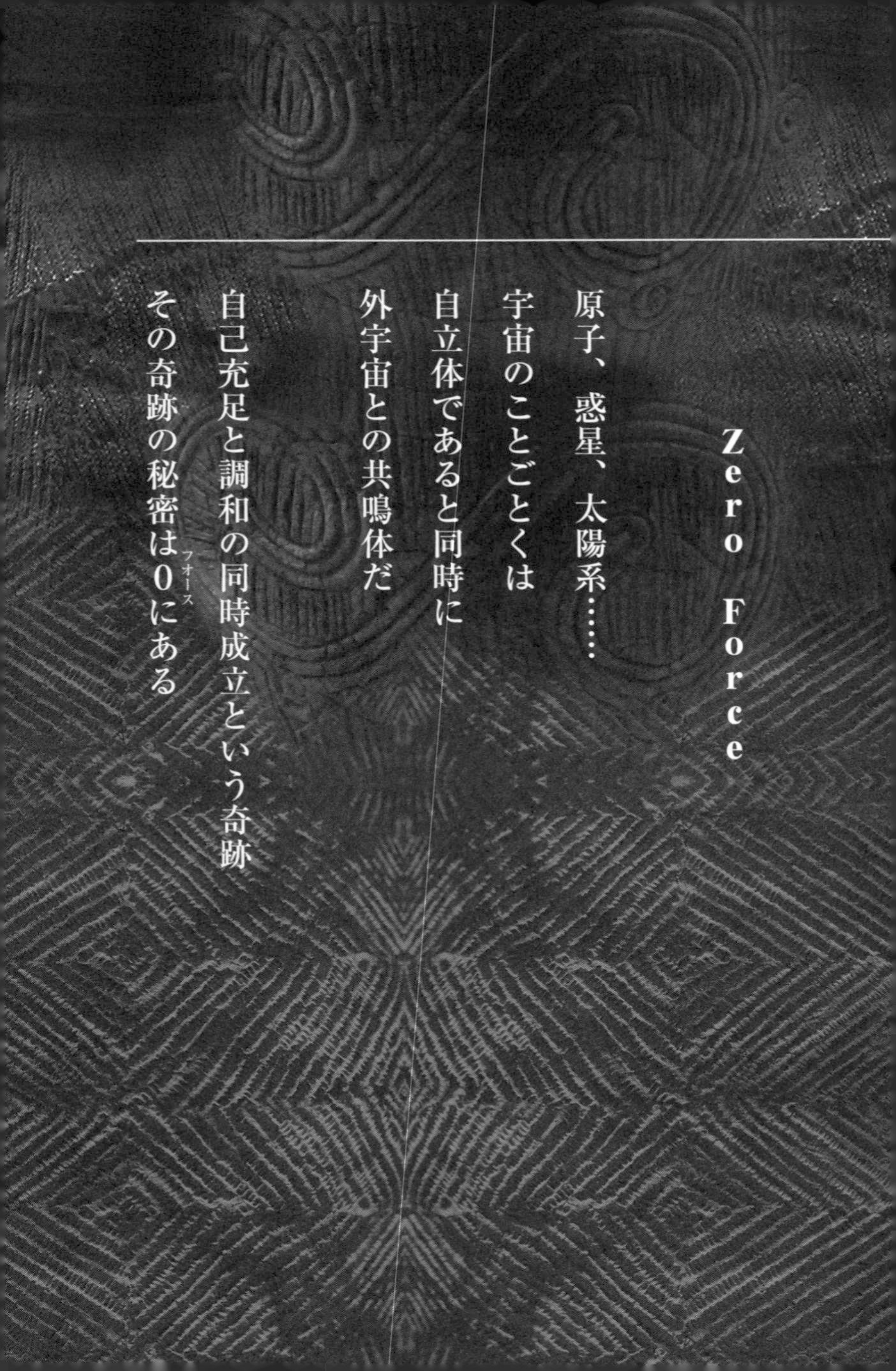

Zero Force

原子、惑星、太陽系……
宇宙のことごとくは
自立体であると同時に
外宇宙との共鳴体だ

自己充足と調和の同時成立という奇跡
その奇跡の秘密は0《フォース》にある

人間も、そのフィールドに入る時、
現象（外宇宙）との完全連動体となる
彼は、思い通りの現実に出会う

いかにしたら私たちはその領域に入れるのか
その全貌を明らかにする超リアル0《フォース》疑似体験
宇宙究極の統一場が、
人間とは何かを明らかにする

第1章

縄文のフォース

第2章　時を超える空間

第3章　空間形成の秘密

第4章

超時空への扉

第5章

新たな世界への予兆

カバーデザイン　吉原遠藤（デザイン軒）
本文冒頭デザイン　浅田恵理子

第1章

縄文のフォース

未知なる力

それは、２０１２年12月19日の夜明け前だった。

ここに来ようと思っていたわけではない。

ここ数日、妙なほどにこの遺跡のことが頭に浮かび続けていた。

このような時は、自身の思念によるのではないことを私は経験から知っている。それがあまりにも強いので、ここに来たのだ。


縄文の遺跡は、不思議なほど、気のいい場所にあるものだ。

神秘的な暗さの中、空のみわずかに明るい。

遺跡の場所は明かせないが、読者を案内したことも何度かある遺跡だ。

遠からぬ所にコンビニもある、いかにも現代の中に、この遺跡はぽつりとある。

こんな時間に来たのは初めてだ。妙なほど静かだ。

ストーンサークルの全体は、サークル状に石で囲まれた垂直に立つ石が連なっている。

今は乱れているが、当時は整然と並んでいたに違いない。不思議な形を見ていると、何かを語りかけているようで、古代に誘い込まれそうな気がする。

この造形は何のためだろう。

かすかに見えるその不思議な造形を前に私の感覚は敏感になっていた。

気付くと、私の意識はサークル自体とは別の対象に向かっていた。

それは、ストーンサークル中央の何もない空間であった。

その真空のような円形空間に、私は次元の違う何かをとらえているようだ。この小さな中に無限の宇宙空間が広がっているような、そんな感覚が感じられてならない。

ストーンサークルから15メートルほど離れた周囲には、ストーンサークルを取り巻くように住居が建てられていたビジョンが浮かんでくる。ストーンサークル群も円形であるが、住居も円形にここを取り巻いていることを思うと、このサークル中央のスペースは、やはり何か特別な空間であったに違いない。当時の人々の意識もこの中心に向かっていたのが感じられる。

この場所に引き寄せられた理由は、この空間と関係している気がしてならない。

縄文には様々な謎がある。ストーンサークルのこの形は何なのか、土偶にしても土器にしても、なぜ壊された物ばかりが発見されるのか、なぜ集落は冬至が正確に計算された円形構造なのか……数え切れないほどの謎がある。だが、このサークル中央の空間に意識を合わせると、それらすべての秘密をこの空間が握っている気がしてくる。

ストーンサークル　日本　秋田県

ストーンサークル　日本　北海道

ストーンサークル　アイルランド

この空白の中央スペースを囲むストーンサークルの外周には、土器などの彼らの大切な日用品が埋められている。やはりすべてがこの中央空間を囲む形だ。さらに中央空間に意識を集中すると、その力は、中央空間のさらに中心から生じているように感じられ、周囲の空間がそこに結び付いているような印象を受ける。

私は何かを知るためにここに来た気がしてならない……

私は思春期の頃、自身が大きく変わる体験に出会った。詳しくは後述しようと思うが、それにより、時空を超えたとしか思えない現象を体験するようになった。見えないはずの場所や未来のビジョンが浮かび、後にそれが真実であることを知るという体験が重なるようになった。またそれ以降、偶然とは思えない出会いが重なるようになった。

思春期のその頃は、ビジョンを見た後、夢のような意識が続くこともあり、私にとってそれは不安感を伴うことがあった。好奇心から意識を用いる傾向があったためでもあると思うが、大人になってからはそうしたこともなくなり、必要な時のみ時折それが生ずるだけのあり方となり、また、人類規模の情報を拾うことが主となり、今日に至っている。

それが生ずる時は、独特の意識に入っているものであり、今、その状態に入っていることがわかるが、それでもこの中央空間の正体が何かはとらえられない。おそらく、私たちの常識からあまりにもかけ離れた何かがここにはあったはずだ。

私の今までの体験の中でも特に特殊だったのは『ガイアの法則』で書いたシュメール体験（詳細は『ガイアの法則』ヒカルランド）であった。通常は、自身がビジョンを見るという感覚であるが、あの時は、完全に別時空に移動したとしか思われなかった。

こんな身近な日本の中でまたあの時のような何かが始まろうとしているのだろうか……

そう自覚した瞬間、見ている世界は一転していた。

現代とは違う……

何が違うという具体物よりも前に、まず、時の流れが違い、空気が違う。

何だろう、この懐かしさは……

なぜか魂がこの空間を知っている気がする。

あまりの心地よさに、ただ佇《たたず》んだまま、意外にも私は周囲の空間を肌で味わう以外をしたくなくなった。

まるで大きな何かに抱かれたかのような感覚だ。

それを味わうだけで私はかなりの時間を費やしたように思う。

どれだけ時間が経過したのだろう。

私は何かが満たされたような感覚になり、ようやく周囲に意識を向ける気持ちになった。

縄文世界へ

なんと広大なのだろう。

太陽の昇らんとする明るくなり始めた東は、ずっと彼方《かなた》まで見渡せる。

南の向こうには海がかすかに見える。

西から北にかけては、はるか遠方を包むような山々が見える。

同じ場所であろうが、まるで別世界だ。のどかな朝は、これだけで他は何もいらないと思いたくなるほどのものがある。

あたりに漂う大地や植物の香りも、広大なスケールの香りだ。

ああ、なんと気持ちいいのだろう。

とても幻想とは思えない。

9年前と同じだ……


人がいる！

広大な大自然は、人間をも自由にさせるのだろうか。

現代人とは存在感がまるで違う。

しかし、自由奔放としか言いようのないこの人々の目を、なぜか私は知っている気がしてならない。

私たちと変わらない白い肌と、現代人以上の目鼻立ちのくっきりしたこの女性たちの顔だちは、とても太古の人々とは思えないものがある。

女性たちの衣服は、輝くような朱色の色彩であり、大胆なデザインが織り込まれ、見たこともない自由な感覚に目が覚める思いになる。なんと艶《あで》やかな色彩だろう。

似ている……

神社に用いられる朱色や、巫女《みこ》さんの緋袴《ひばかま》など、私は日本的な朱の色に、神秘的な解放感を感じるが、この色彩は、まさにその日本的な朱の色だ。しかも、よく見ると集落に置いてある土器も同じ朱の色に輝いていて実に美しいことに驚かされる。この色に深い懐かしさを感じる私自身の色彩感覚自体がこの太古の記憶によるのではないかと一瞬思われた。

それぞれがそれぞれの表現をもつ衣服は、一人一人の本来の個性が見事に引き出されている。念入りに準備された映画のセットの世界に迷い込んだかのような錯覚に私は陥っていた。しかし、不思議にこの光景にもすでに知っているような懐かしさが感じられてならない。

肉体の私とは異なり、意識する場所に瞬時に移行するらしく、最初に集落中央にいた私は、

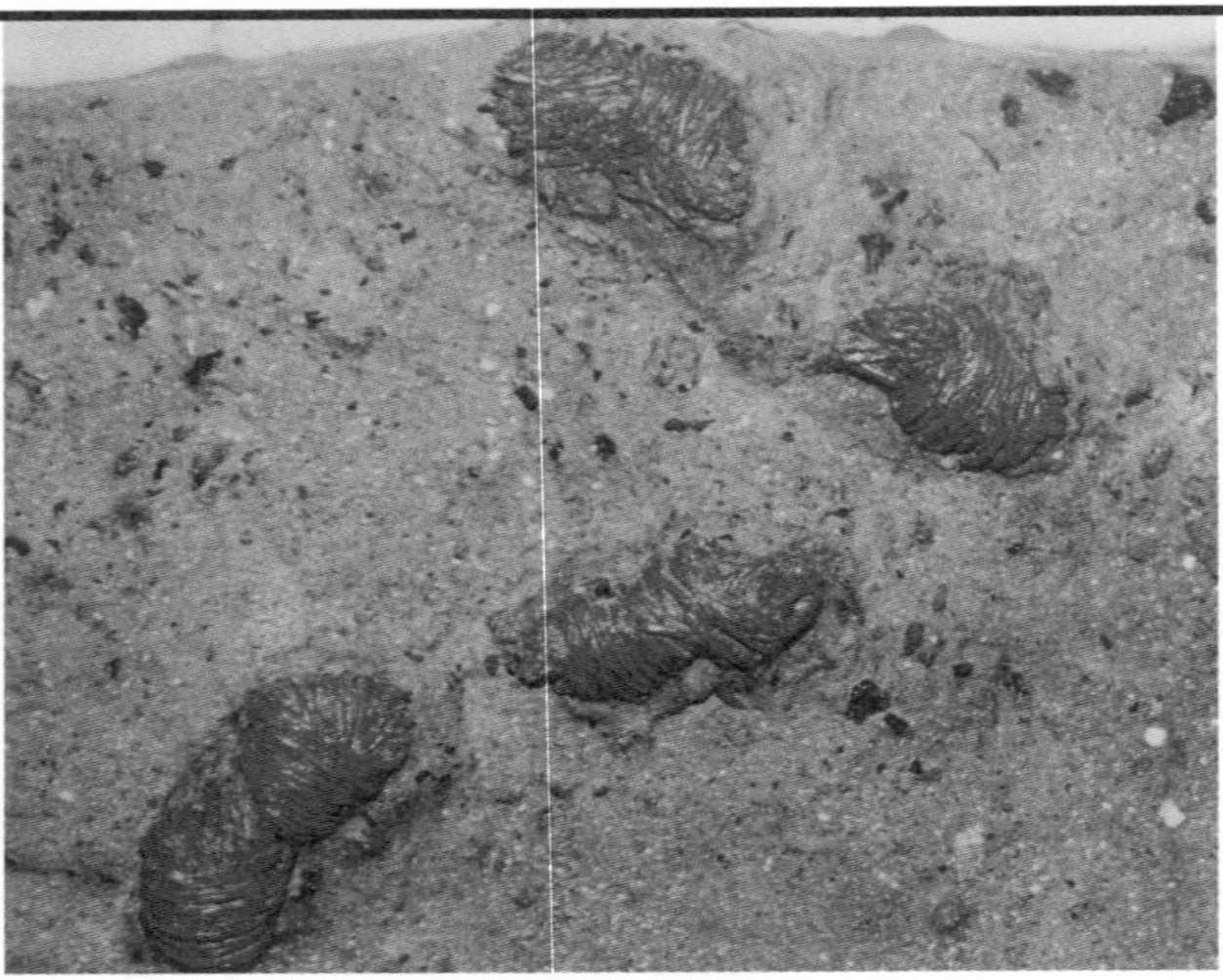

縄文の糸玉（美しい朱の色）

国立科学博物館　特別展「縄文VS弥生」（2005年）広告

気が付くと集落全体を外側上方から見おろしていた。

肉体はないとはいえ、肉体のある時以上に鮮明に見たり感じたりできるのは、意識の原点にそれらの原型のような働きがあるからだろうか。

男性たちは髭《ひげ》を伸ばし、現代の男性よりも眼光の鋭さを感じる。その鋭さは感受性の鋭敏さの表れのように思われる。見えない世界を感覚的に察知するような感覚力を感じさせるのだ。肌の色の男女間の差異が現代人よりも大きい。

縄文住居

男性にも女性にも共通なのは、まるで強い磁力か何かを発しているような存在感が感じられることだ。彼らを見ていると、現代人がむしろ磁力が失われた肉体のみの物理的存在に感じられてくる。

住居の形はきれいな円錐形であり、全体も円を描いて建ち並ぶ光景は何ともいえないやさしさを感じる。

住居と住居との間の広場では、子供たちが石蹴りをして遊んでいる。その光景自体は、ちょっと昔の田舎の子供たちの遊びの光景に似ていて親近感を感じるが、子供たちが集落全体に包まれているかのような気配は、やはり独特のものがある。

ストーンサークルはほぼ同じ位置にあるが、現代の遺跡とはまったく違い、非常に整然と美しく並んでいる。

集落を外から見ると、集落全体の空間が、まるで一つの命のように感じられる。その印象は、私にとって強いインパクトがあった。

平和だ！

私は、この独特な集落の空間自体に、私の魂が求めていた通りの平和を感じていることにふと気が付いた。

人々はもちろん平和であろうが、その前にこの集落空間がなんともいえない一体感に満ちている。ここにいたら争いの心など生じようはずのない壮大な落ち着きを感じるのだ。

ここが同じ日本なのだろうか。まったくの別世界に感じられる。

私は、思い出した！

縄文社会には、他の古代社会にはない、顕著な特質がある。

それは、縄文の遺跡からは、争って殺された人骨がほとんど見つからないことである。

そうだ。縄文は私たちにとって謎ばかりの世界であるが、その中でも私にとって最も知りたい最大の謎は、あの奇跡的調和社会を彼らはどうやって築いたのかという謎である。

人類の歴史は戦いの歴史だ。

それは、古代に至るほど濃厚だ。世界の考古学的年代の遺跡からは、人間によって殺されたとわかる人骨が現代の比率よりもはるかに高い比率で至る所から発見される。

これは、考古学上の常識だ。一般的に平和と思われているような先住民社会でさえもそうなのである。アメリカインディアンの社会でも、白人が入り込む以前からインディアン同士の血生臭い殺し合いが無数に起きていた。

こうした殺傷人骨の世界的普遍性から、古代を研究する学者たちの間では、人類が争うことは本能であると考えられてきた。もしそうであれば、人類は永久に平和を達成できないということかもしれない。だが、日本列島の考古学研究が進むにつれ、日本列島はその例外ではないかという見解が示されるようになり、縄文に注目する研究者が世界的に増加している。

しかも、日本列島には、その例外的現象が、数千年どころか、1万年を超えるほどの長期にわたって続いていたと考えられるのだ。

言うまでもなく、長期的な完全平和社会というものは、実現しようにもできるものではない。一つの社会が平和を守っても、どこかに平和を破る社会が生まれ、他から侵入があればそれに対抗せざるを得なくなる。インディアン社会も、インディアン部族同士の互いの侵入によって平和であろうとした部族も戦わざるを得なかった歴史がある。

ところが縄文にはそれが起こらなかった。

縄文遺跡からは、戦うための道具さえ発見されないのだ。

この、人類史の例外中の例外の原因は謎である。

島であるという条件にしても、他の島々の古代遺跡からは多数の殺傷人骨が出土する。小規模社会という条件にしても、他の小規模社会からは、やはり多数の殺傷人骨が出土する。

殺し合いが日常の時代にその例外が生まれるためには、相当の何かがなければならないはずだ。しかもそれが想像を絶する長さで続いたことを考えると、それを維持する何かの原理が存在しなければならなかったはずだ。それが明らかとなったとしたら、それこそは、人類史上最大の発見と言えるはずだ。少なくとも価値の上では、これ以上人類にとって価値ある発見はないはずだ。だが、それをもたらした原因は、探り当てられてはいないのだ。

私は、完全な社会はどうしたら実現できるのかを、若い頃から求めてきた。どこかにその答えがある気がしてならなかったからであるが、もちろん、その回答には出会えずにきた。しかし、ここにいる今、なぜそれが成立するのかが、直感的にはわかる気がするのだ。この調和的な空間にいたら人々の心は和するに違いないものが感じられてならない。

ストーンヘンジ

何かが根本的に異なっている……

そういえば、日本のストーンサークルも円形の石組みだが、ヨーロッパでも円形の石組みの巨石遺跡が見つかる。それも、円形なだけでなく、冬至の日を計算に入れた構造など、縄文サークルと不思議なほど共通点が多い。

なぜあんなにも離れた場所からこんなにも共通点が多い物が見つかるのだろうか。

イギリスの円形巨大遺跡として知られるストーンヘンジでは、ごく近年多数の人骨が発見され、話題になった。この発見で、学者たちを最も驚かせたのは、石器時代の定番とも言える殺傷人骨がまったく発見されなかったことだった。石器時代の常識を覆すこの発見は、ヨーロッパの学者たちを当惑させた。日本とは違い、イギリスでは他の国同様、旧石器遺跡からは例外なく殺傷人骨が見つかる。集落跡も、縄文のような円形集落ではない乱雑な形をしている。だが、縄文とよく似た、この円形ストーンヘンジから発掘された人骨に限っては、その大量の人骨のどこを探しても殺傷痕がまったく発見されなかったのだ。

この理由については、様々な説が生まれたが、いずれにも矛盾がある。大胆な仮説と思われるかもしれないが、もしも大陸に渡った縄文人が、あるいは、彼らの文化を受け継いだ人々が、数千年の時を経て西進し、殺戮《さつりく》が常識の旧石器人が少ない地域を求めてこの島に渡り、その一部に従来の旧石器人とは別の高度社会を構築したと考えると、この例外性を矛盾なく説明できる。

世界のあらゆる遺跡の中で、最古の円形配置の遺跡が見つかるのは、他でもない、日本列島である。日本列島における円形集落の成立年代は桁違いの世界最古であり、イギリスのストーンヘンジの年代から、さらに万単位の過去へと遡《さかのぼ》る。自然な伝播であっても、2、3000年で文化や民族の大陸移動が起こり得る。

もしも縄文人やそれ以前の日本列島人が大陸に渡っていたとしたら、むしろ移動や文化の伝播のないほうが不自然だ。

当然ながら、ただ円形なだけで社会が調和するとは思えない。しかし、この空間をもたらした背後には何かがある気がしてならないのだ。この集落のこの独特の安定感は、やはり形だけ

縄文のウッドサークル　秋田県

でないものが感じられる。

日本の他のストーンサークル群の多くも中央が空白だが、イギリスのストーンヘンジも中央が空白だ。独特の安定感が最も強く感じられるこのストーンサークル中央のスペースには、この集落のすべての力が強く集結しているような印象が感じられる。

時間が止まったかのようなこの中央空間には、やはり私たちには未知の何かがあるのではないか。世界的に見られる円形巨石文明の背後に潜む我々には未知の何かが、この空間に直感されてならないのだ。

彼らは、やはり何かを知っているはずだ！

彼らが平和であったのは、単なる社会システムの問題ではなく、何かの力が関係している気がする！

そんな強いインスピレーションを感じた瞬間、私の眼前に展開していたその世界は、消えてしまった。

私の意識は現代に戻っていた。目の前には現代の乱立したストーンサークルがある。

私は、すぐにもう一度同じ時代に行きたい思いで心がいっぱいになった。

私は、ただただあの人々が懐かしくてならなくなった。なんと魅力ある人たちだったのだろう。なんと平和な空間だったのだろう。わずかな時間の体験でしかなかったのに、私は彼らがいとおしくてならなくなっていた。この思いは、彼らの何がもたらしているのだろう。まるで私は、自身の魂のふるさとに出会ったような気持ちになっていた。

私はこの日、一日かけて、あの地域の縄文遺跡について調べてみた。やはりあの地域は円形の集落跡が広く見つかる地域であることを知った。

私はあの場所に、もう一度行きたい衝動に動かされ、就寝の時刻には、明日の朝、再び遺跡に行くことを決意していた。

未来の地球社会

翌朝3時を過ぎた。

私は夢を見ながら、はっとして目が覚めた。

それは、ストーンサークルの前にいる夢であった。夢から覚める直前、声が聞こえた。


「永遠なるものの秘密がここにある」


まるで映画かテレビのようなセリフなので雑夢かと思ったが、その声が昨年見たある夢の中で聞いた声と同じに思われ、その夢を思い出した。

それは、驚くほど啓発的な夢だったため、ノートに内容を書きとめた夢の一つだった。

ノートの内容に記憶を交えながら再現すると、こんな夢であった。


それはまず、人類社会を見せつけられるような光景から始まった。

何百億円という財産をもつ大金持ちたちの生活が見えたかと思うと、次の瞬間は、明日の食べ物もない貧しい人々の生活が次々に見えてくる。世界の対立と紛争の光景も見える。

次に、近未来と思われる光景が見えた。マスコミを通しての情報操作により、ある国とある国（アジアの国であるが国名はふせることにする）の人々が互いに憎しみ合い、危険な対立関係に入っている。互いの国の民衆は操られているというのに気付いていない。このままでは大変なことになると思っていると、実際に二つの国が戦争に突入していた。

戦火の中で負傷している一人の少女が今にも息絶えそうな幼い子を助けようと危険な瓦礫《がれき》の中に入ってゆく。少女も命が危ない。

誰がこの何の罪もない子供たちを、こんな目にあわせているのだろう……

私は、権力者に怒りを感じながらも、このような未来にならないようにと、いつのまにか祈っていた。

夢と現実を行ったり来たりしていたのか、未来の悲劇を回避させようとする夢かもしれないと理解した上で、祈る必要を感じていたように思う。

なぜ人間というものは、こんなにも簡単に殺し合いの関係に入ってしまうのだろうか。誰もがどこかで平和を望んでいるというのになぜなのだろう。どうしたらこの繰り返しを人類は乗り越えられるのだろう……私の祈りは、その答えを見つけ出したいという、私の中で何度も繰り返されてきた切望に変わっていた。

すると、突然、場面が変わり、次はなぜか宇宙空間にいた。

吸い込まれそうな暗黒の空間がどこまでも続いている。

自身が吸い込まれて消えてしまいそうな気がする。しかし、その感覚が、私を不思議な一体感へと引き込んだ。

私を中心に周回している星が見える。それを意識すると、なぜか近くに見える。水星だ。さらには金星が、そして地球がゆっくりと周回している。その外側の星々も見える。とめどなく遠方のこれらの星々と、私という一点は、呼応していると感じられる。巨大な空間も、生きているかに感じられ、私を包んでいる。

私は、太陽なのだろうか。

巨大な運行に、私は祝福されているかのようだ。私自身からも、私を包む空間や惑星への愛が、果てしなく及んでいると感じられる。際限のない交流の焦点である私は、エネルギーの上ではこの壮大なすべてを包容している。

自身の光がこの広大な領域に及んでいるのは、この互いの交流の結果と感じられるのである。
私たち命あるものを育む光は、こうして生まれるのだ。
命は、この巨大な愛の交流から生まれる力の、その表れた姿なのだ。
すべては愛なのだ。
悟ったようにそう思われた。

私は、いつのまにか地球に意識を向けていた。
経済という名の下に自然界を汚染する人間たちの欲望が異質なものに感じられる。
蝕《むしば》まれている地球に対する愛が、母親のようにあふれ出る。
その愛が光のシャワーのように地球に注がれてゆくのがわかる。
だが、その光は、届かない。
何かのベールに覆われたように地球に入ってゆかないのだ。
人間たちの作り上げたベールかもしれない。
地球への愛はますますあふれ出てゆく。
瀕死状態の我が子に直面したかのように、すべてが注がれていた。
それが頂点に達したと思われた時、そのベールは消え始めた。

どれほどの時間が経過したのかわからない。

光が地球の核に到達したと感じた瞬間、地球が自身の光を発したように見えた。

その光によって、地球は光の輪に包まれた。

これは何を意味しているのだろう。

そう思った瞬間、なぜかまた人類の世界に戻った。

しかし、なぜか人々は、透明感ある人々に変化していた。権力者たちも、互いに平和に向けての話し合いを進めようとしている。

何も介さずに人々がこんなに変化するとは……

光の力が人々を変えたのだろうか。


と思っていると、次の瞬間はさらなる未来と思われる地球の光景となった。

しかし、未来とわかったのはしばらくしてであり、最初は海の中の竜宮世界にでも来たのかと思われた。

というのは、その全体が私の中の竜宮のイメージそのもののようで、タイヤのない浮上する乗り物は、まるでエイが海底を浮揚しているかのようであったからだ。

私たちが見なれたアスファルトの道路はどこにも存在しない。

私たちが未来というイメージで描く超高層ビルが建ち並ぶような光景とはあまりに違う。豊かな自然界に溶け込むように宮殿が佇む。今建てられたばかりに見え、竜宮城のようにも見えるのだ。円形に配置された町の全体も、緑豊かな大自然と一体化している。

なんという美しさだろう……

まったく楽園だ！

町といっても、建物はわずかに数えるほどのその巨大な『宮殿』が美しい道に結ばれて円形に配置されているのみで、都市の全体は自然の楽園にしか見えず、全体の構図は、まるで宇宙図を見るかのようである。感覚的にも先ほどの宇宙空間と同じ何かが感じられる……

人々に貧富の差がないことは、人々の姿から明らかだ。

いや、そんなレベルではない。人間自体が違う。

誰を見ても、これが人間かと思うほどの美しい体をしている。

どうして誰もがこんなに美しいのだろう。見ているだけで人間観が覆される。これが人間の行き着く進化の姿なのだろうか。すっと天に向かうかのような高次元の官能性としか言いようのない背中も、豊かな表情も、私の知る人間の美しさを超えている。現代の私たちは、まだ人間としての真の完成フォームに至っていないのではないかと思われる。

衣装も天界の衣かと思いたくなる神秘性があり、歩いている様子も、まったく天空の存在が空中を移動しているようにしか見えない。身のこなしも、まるでスローモーションを見るかのように優雅であり、体使いが本質から違う気がする……

この人々に争いなどというものは微塵《みじん》も存在しないであろうことは明らかだ。羽衣伝説や竹取物語のように、日本人は天女や天人に昔からあこがれてきた。西洋の人々も天使という存在にあこがれてきた。この、人類がいつのまにか共通に抱くビジョンは、真実を射止めていたのかもしれない。海にあこがれた動物がイルカとなり、空にあこがれた動物が鳥となるように、私たちはこんな存在へと至るのだとしたら、なんとすばらしい未来だろう……

私たち現代人の体がどんよりと重たく感じられてくる。やはり私たちは人間としての進化の、まだ途中段階であるに違いない。

そう思う一方、はたしてこれが未来の地球だろうかという思いもあった。人類は、原始の時代から互いに争い、現代に至るまで、戦争や紛争がまったく存在しない期間は、一年といえどもこの地上に存在したことはないだろう。こんな調和的な世界は、もしかしたら他の星なのだろうか。

道という道が実に美しい。すべては土の道で、郷愁を感じさせる風景だ。懐かしいいにしえと、輝かしい未来とが共存しているとしか言いようがない。

様々な大宮殿は、外から見てもまったく御殿のように雅《みやび》だが、内部も実に優雅な和の空間であった。今敷いたばかりのような畳の空間が広大に広がっている。こんなにも未来と思われる世界に畳があるとは。

ということは、ここは、日本なのだろうか！

その広大な空間には数人の人がおり、それぞれが思い思いの場所にいるのだが、その位置もまるで最上のポジションに配置されたかのように適切な配置に感じられ、この雅な空間と一つに溶け合っている。宮殿の中央には日本神話の天御柱《あまのみはしら》を連想させる巨大柱が大地から何十メートルもあろう天井に向かってそびえ、まるで神界を見るかのようだ。

それにしても高速道路も高層ビルもないこの自然界との調和世界では、多数の人々はどこに暮らしているのか不思議に思われた。

と、次に見えたのは、人々が地下で生活している様子であった。

宮殿の地下には、無数の住居があることに驚いた。私は何ゆえにこんな体験をしているのだろう。片方ではそう思いながらも、見たことのない世界に興奮した。住居の各部屋は現代日本の一般住居よりも広く、天井は倍近い高さだが、所々が大地の中の岩肌が直接に壁となっており、洞窟か神殿の中にいるように感じられる。不思議なほど、この大地の中を実感させる造りが魂の深くを満たす。私の中に眠る横穴式住居時代の人類としての記憶が目覚めさせられるかのようだ。この都市は人間の心の世界までもが深く計算された都市であるのかもしれない。

プールやマーケットのようなものもすべて地下にあり、その分、屋外はまるで極められた田園風景のように自然と人工物とが融合している。私は広域を観察しようと、この都市から遠く上方に離れた。

驚くことに、このような円形都市は多数あり、それぞれの間は、豊かな自然界が広がり、今は山にしかいないシカなどの動物たちが平地を群れで走っている姿があたり前のように展開している。

シカたちが悠然と走る広大な平原が、見ているだけで自身の心を雄大にさせる。現代の日本には山々はあるが、平地はことごとく人々が密集する人工世界であることに気付かされる。

そう思っているとなぜか夜の光景となった。意外にも外灯はどこにも点灯しておらず、真っ暗な空間が広がっていた。空には一面に星々が満ちている。こんな数えきれない星々の下に現代の都会に相当する社会があるとは……

現代人がイメージする未来社会は、コンピューターが人間までも管理するような、人間的温かさが感じられないイメージであることが多い。しかし、それだけでは人間の魂は満たされないことに人間はいつか気付くのかもしれない。この社会には、人間の原点的ぬくもりが感じられる。

時は夜明けに近づいているらしく、少しずつ空が明るくなり始めた。

その空を見ていると、どこからともなく未来人を思わせる透明な声が聞こえてきた。

「我々は、地球の本体から人工的絶縁物で遮断されて生活すること、および、大地から遠く離れた場所に常時就寝することが、身体にも精神にも不安定な作用をもたらす科学的事実を過去に発見した。大地は心身にとって不可欠な直接的作用をもつこと、および、その力を享受するための大地との連関には一定の条件が存在することも発見した。かつて食物や大気に原因があると思われていた多数の難病は、それ以前に大地との交流が遮断されることによる人体の不安定状態が本質にあり、そこに外的要因が結び付くことで生じていることが明らかとなった。この発見により、我々は多くの疾病を著しく減少させた。

またそれは、空間と人間との関係性の解明へと繋《つな》がり、夜の暗黒空間が、人間が本来有している自然界との本質的共鳴力に不可欠であることも明らかにさせた。一つの発見が、我々の社会の全体を変えたのである」

アスファルトやコンクリートで塞《ふさ》がった道が見られず、外灯がないのはそのためであるのかと、私は納得した。町全体が、未来的な美しさと同時に、なんともいえない懐かしさに満ちているのは、この大地との関係性にあるに違いない。大地が塞がれていない世界がこんなにも人間の心を癒すものであるとは……

「また、この大地と空間の関係性の解明は、存在の本質的統一力を明らかにし、我々の社会そのもののあり方を変革させたのだ」

町を外から見ると、全体がうっすらと半透明の半円形ドームで覆われていることに気が付いた。その光景も、おとぎの世界のように美しい。

「このドームは、太陽からの有害な光線量が高まったり、竜巻などの時、自動的に形成される。これは、この都市の自ら自立する固有の場によるものであり、大地震の時には自動的に揺れの影響を軽減させるため、安心して生活できる。

中央の塔は、同じ力がもたらす超空間システムのターミナルでもある」

超空間システム？

瞬間移動装置のようなものだろうか。

空想の世界のような現実に私は驚いた。

そのために乗り物は少ないのかもしれない。塔の中を見てみると、エレベーターのような部屋がいくつもあり、中に入ると、別な町の同じような中央の塔の中に出ることができるようであった。

しかし、あまりにも映画のような光景でもあるため、やはりこれは自身の中で作り上げられた雑夢ではないかと私は疑った。と、私はこれが夢であることを自覚して夢を見ていることに気が付いた。そういえば、過去に経験した啓示的な夢も、見ながら夢であることを自覚していることが多かった……

気付くと、またも私は宇宙に存在していた。

しかし、私は地球のすぐ近くにいた。

私は地球を見守るように見おろしている。

その視角はなぜか懐かしく、私の向こう側から同様に地球を見守る天上の存在と思われる存在がいた。

なぜか私にはその存在が物理的次元の存在ではないことがわかった。

その天上の存在は、待っていたように語り始めた。

「過去と未来の扉が開かれる時が来た」

過去と未来の扉？

どういう意味だろう……

「過去の扉が開くことにより、未来の扉は開くのだ」

私の下には日本列島が見える。

彼の言葉は、日本列島と関係しているのだろうか。

「太古においても、ここには、あなたが今見た未来と同じほどに万全なユートピアが存在した。

だが、その事実は、あなた方現代人にとって未解明のまま眠り続けている。

それは、あなた方の知る人類史に先立つ、あなた方の種子である」


種子？


「その種子を、あなたは一年後に目にするだろう。

種子は未来への力である。

未来を開くためには、種子の力が必要だ。

新たな未来が、そこから始まる。

人類は、一なるものから始まり、行き着くところまで進み、もう一度、一へと帰るのだ。

覚えておくがよい。

その扉は、人類最古の中心力《フォース》との出会いによって開かれるだろう」


それを聞いた瞬間、私は夢から覚めていた。

中心力という文字が頭に浮かぶのと同時にフォースという言葉が語られたのである。フォースという言葉は、物理用語として用いられることが多いため、重力のような力を連想したのを覚えている……

この夢に強烈な印象を受けたため、私はすぐに内容を日記に書きとめた（夢の中では他にも様々なものを見たが、割愛してある）。

また、夢から覚めると同時に、36200という数字が浮かんできたので、3万6200年前にそれがあったという意味なのかもしれないと思い、それもメモした。

だが、この夢の未来の地球があまりにもすごすぎて、私はこの夢を完全には信じきれていなかった気がする。私はあわてて日記帳を確認した。日付は12月21日であった。

今日は20日だ。1日ずれがあるものの、何か関係があるのかもしれない。

私は遺跡に向かう準備を急いだ。

柱なる神

準備を急ぎながら、私は、あの夢と昨日の出来事とを思い返していた。

素朴な美しさの極みと言ってもよいあの人々と、究極の未来と思われるあの夢の中の人々との間には、何か共通するものが感じられてならない。

縄文には、私たちには未知の世界観があったのではないかと思ったことはたびたびあったが、昨日のあの集落に漂う広大な調和感は、それ以上の何かがあるような気がしてならない。

私はこれまで、縄文がなぜ調和社会を実現できたかについて、自分なりに考えてきた。人類の定住生活は、縄文以外は、農耕の開始からスタートした。それは、自然界の開墾からスタートしたのであり、観点を変えれば、自然界を消失させた上で成立させる自然界とは切り離された枠組みの世界である。だが、縄文は、そのルートをとらずに定住に入った例外社会である。そのため、これが調和社会の原因ではないかと考えたこともある。だが、あの集落には、もっと本質的な何かが感じられた。農耕に頼らない定住というその例外的スタイルの成立自体が、そのもっと本質的な何かがもたらした結果の一つにすぎないのではないかという、確信めいた直感が湧《わ》き起こる。私たちには未知の何かがあそこには潜んでいる気がしてならない。

しかし片方で私は自身の体験に疑いをもっていたこともたしかである。夢の中で語られた太古とは、3万6200年前の日本と思われるが、3万6200年前は縄文ではなく、日本列島にゾウさえもいた旧石器時代である。そんな動物同然の時代に人類が理想郷など実現できただろうか。私が今行こうとしている遺跡は4000年前の縄文の遺跡である。一桁数値が違う。

それに日付も今日は20日だ。

様々な矛盾する思いが私の中をかけめぐる中、準備は整った。

まだ暗いが、外は朝を迎える気配に包まれている。

感覚の上では何かが起こりそうな気がしてならない。

はやる気持ちを抑えつつ、私は車を走らせた。

到着すると、遺跡は私を待っていたかのように、私の意識をその中央へと引き込んだ。

尋常でない静寂が、やはりストーンサークルの真中心に感じられる。そう意識した時、私自身がその中心に引き込まれたように感じ、同時に、私の中から時間という感覚が消えた。


気が付くと、あの懐かしい空間が私の前に広がっていた。

あまりにもあっけなくそれが起き、自身の力ではないものを感じたが、この時の変化を私は片方では冷静に見つめていた。

まるでそれは、無の中心へと入ってゆき、その無の極点で無限大に解放されたかのような瞬間を経てここにいたのである。

この変容は心の世界の反転体験とも似ていた。先にふれた私の思春期の超感覚的体験は、ある意味で私が自身に深く向かい合う極点で始まった。

自身に向かい合うその深みが経験値を超えたと感じた瞬間に、今までの枠を超えた次元に至ったのである。昨日の集落空間があんなにも私の魂にしっくりと感じられたのは、もしかしたら、あの集落空間は、人間の心と同じ構造性をもっているからなのだろうか……

集落全体を外側から見ると、こちらも一日が経過したように思われる。

昨日とは違い、今日は何か特別な日なのかもしれない。まだほとんど暗闇だが、集落全体が何もない状態にされているのがわかった。

きれいに並んだストーンサークルを見ていると、ここでも私はその中央空間に吸い込まれるような感覚が生じた。

しかし、ストーンサークルに囲まれた中央空間に向かい続けていると、その真中心に、あまりにも強大な何かが感じられてきた。気のせいではない。

先ほどまでとは異質な何かだ。

その威圧感に、私は恐怖を感じた。

恐怖は、私が、この異空間に一人である事実に直面させ、未知の世界に一人であるという恐ろしさが私を襲い始めた。それは、冒険心で知らない道を歩き進んだ幼児が、気が付いたらどこにいるのかわからなくなった時の心理と似ていた。

今まで未知へのワクワク感にしかチャンネルが向かっていなかった私が、突然、未知への恐怖にチャンネルが切り替わった。私の中に、夢の中での、あの宇宙にいた記憶が甦《よみがえ》ってきた。

真脇遺跡（石川県）

しかしそれは、最初に一瞬感じたどこまでも続く暗黒に吸い込まれて消えてしまいそうな、その感覚だった。なぜこんなにも恐ろしい世界を恐ろしく感じなかったのだろう。中心の力は、まるでブラックホールのようにも感じられた。
　飲み込まれてしまいそうな恐怖は、私の過去の現実体験をも甦らせ、調和的でない人々の背後にある社会という巨大な圧力をありありと甦らせた。しかし同時にその心の視野の広がりは、人類規模の破壊性は超えられるに違いないという、私の中で働き続けている意識をも甦らせた。それとともに、人類の完全調和の秘密がわかるかもしれないと思った最初の集落での思いも甦ってきた。
　それは恐怖を打ち消し、気付くと、恐ろしいその力は、途方もない神聖な力へと変化していた。

この変化に、私はイニシエーションのようなものを感じた。やはり私は、あまりに強い未知なる力に対し、恐怖を生じていたのだろうが、この過程が必要であったようにも思われた。

しかし、その中心の力には、昨日遺跡で感じたような力とは明らかに別の何かが生じていること自体は疑いようがなかった。

柱だ……

私は、突如気が付いた。

真中心の力を私は冷静にとらえ始めた。

古来、日本人は神を一柱、二柱と数えてきた。

まさにこれは、その柱だ！

何もない中心に、エネルギーの軸のようなものが成立している。

あまりに崇高だ。

存在はないのに、意識のようなもののみが感じられる。

太古の人々は、この体験に共通に遭遇していたがゆえに神を柱と言ったのかもしれない……

思わず手を合わせずにはいられない気持ちになった。

すると、私の心がそうなるのを待っていたかのように、私が視線を向けていたその位置に、目らしきものが感じられてきた。私はやはり古代の人々の見ていた柱なる神を体験させられているのかもしれない。しかし、何のためだろう。

最終的に現れた姿は、神を思わせる白髪の存在であった。

縄文の時代の人物に思われる。

すべてを知るような目であると同時に、すべてを包み込むような目だ。

明らかにリーダー的人物に思われる。

私は無言のままその存在と向かい合った。

威光に全身が照らされているかのように感じられる。

どれくらい無言のまま向かい合っていただろうか。

突然、その存在の声が私の頭の中に直接に響くように伝わってきた。


「私は、かつてこの地に存在した」


その声は、厳《おごそ》かに私の真中心に響いてくるように感じられた。

なんということだろう。ここにかつて住んでいた人物と私は出会っているのだろうか……

「それは、およそ1万４００年前だ」

私はあまりに太古であることに驚いた。

たしかに彼には、それくらい生きていたとしてもおかしくないようなものが漂っている。

「私は、あなたを知っている。

あなたが調和世界を求め続けてきたことも知っている」

私は驚いたが、しかし、冷静になろうとして考えた。

彼は1万４０００年前と言ったが、この遺跡は４０００年前の遺跡のはずだ。

どういうことだろうか？

彼は、このストーンサークルのあった時代よりも前にこの場所にいた存在なのだろうか……

「この石組みの年代よりもさらに６４００年前に、私はあなた方の祖先の長老としてこの地にいた」

私は呆然としてしまった。

何が起きているのだろう……

これは幻覚なのだろうか。しかし、彼が私の思いを読み取っているらしいことは、あの9年前の体験と似ている。9年は神官が語った小周期サイクル（詳細は『ガイアの法則』参照）だ。

もしや、あのシュメールの時代よりもさらに4000年も前に、あの最高神官のスピリットはシュメールに叡智《えいち》を授けたこの日本列島の人々を導いていたのだろうか。

「この人々は、時なるものの中心と結ばれるあり方を、維持し続けているのだ」

私の疑問に対する彼からの答えはないままだ……

時なるものの中心と結ばれるあり方？

さらなる古代へ

「まずは、私のいた時代に来るがよい」

その言葉と共に彼の姿は中央空間から消えた。

どうしたらよいのだろう……

彼の声のみが響いてきた。


「我々は、ふだん、中央空間には神聖なるがゆえ、立ち入らない。

だが、今は特別な時なのだ。

中央空間へ入るのだ」


彼は私に自身の力で来させようとしている気がする。

これには何か儀式的な意味があるのかもしれない……

恐れおおいが、入ることにした。心の中で手を合わせながら、私は、中央空間に入った。

だが、何も起こらない。時間だけが経過してゆく。

私は彼の時代に繋がろうとあせった。どんなに心を彼の時代に向けても、何も起こらない。

しばらくの後、彼の声が聞こえてきた。

「思考は、あなた自身ではない。

中心なる領域には、あなた自身の中心によってしか入ることはできない」


彼の言葉は何を意味するのだろうか。

ともかく思考は捨てることにした。

だが、何も起きない。

彼の声が再び聞こえた。


「イメージも捨てるのだ」


その理由は充分に理解できないまま私は試みた。

何度か試みながら、私はいつのまにか、先ほどの葛藤の後のような、とらわれる思いが何もない感覚に入っていた。

気付くと、私の視界は変転していた。


私は、集落中央にいる。

何だろう、この空間は……

集落空間に漂う気配に、私は驚いた。

一つに統一されたような独特な空間の質は先の時代の集落と同じであるが、それだけでない何かがここには満ちている。

ストーンサークルは存在せず、私のまわりには、ひざの高さくらいの多数の木の柱がストーンサークル同様に円形に取り巻いている。

さらにそのまわりは広場となっていて、この広場は集落の共有スペースであると思われる。

さらにそのまわりに素朴な住居が美しく取り巻いているのも、昨日の時代とほとんど同じだ。

遠方に見える山々は、同じ場所であることを示していた。

それにしても、この尋常でない気配は何だろう……

あまりの空間のすごさに集落空間を外から見てみようと集落の端へと移動を試みて驚いた。

周囲にのみ気をとられ、気付かないでいたのだが、私がいた場所である集落の中心には、今の日本にはとても存在しないであろう巨大な木が存在していたのである。

それは、神であると認めないわけにはいかないほどの驚異的存在感を放っていた。

直径だけでも4、5メートルはあると思われる。

巨大な枝はあたりを覆い、周囲の全体に、まったく次元の違う世界を形成させている。

こんなすごい木がこの時代にはあったのか……

集落の全体が、この木の神気によって神秘の気配に包まれている。

肌でわかるほどの気配だ。

予想外の存在に、私の思考はしばらく停止状態となった。

集落の大地にもこの集落の全体を包むような独特の気配が感じられるが、それさえもこの木の根のエネルギーによるものとさえ思われる。天からも地からも、この神のような大樹に抱かれているのであろうこの感覚は、私にとってまったく未知の感覚であった。だがこの未知の感覚が、なぜか懐かしく、なぜか私の魂はこの感覚を知っていると感じられる。理由のわからない懐かしさに魂の涙が流れ続けているかのような意識になる。

見上げると、幹は、天に届かんとするかのようで、天の声を今現在進行形で人々に伝えているような気がしてくる。

私は抱かれている……

なんという安心感なのだろう。途方もなく巨大な安心感だ。おそらくは、誰もがここに身を置けば、この巨大な安心感に圧倒されるだろう。この集落の人々が、この木に寄り添って生活するのがわかる気がする……

近づくと、大樹はまるで岩か大地のようでもある。表面はごつごつとしていて随所にこぶがあり、見るからに数千年の月日を感じさせる。はるかな時代から精霊たちが住み着く、精霊たちのすみかのようでもある。その全体の放つ威光があまりに強いからか、木に生息する小さな植物まで神気を帯びているようだ。

こんな神秘な木を私は見たことがない。いったい何千年の時を経ているのだろう。現代の日本に残る樹木は古くてもせいぜい2、3000年ほどの樹齢のものしかないだろう。この木はそれをはるかに超えている。あたかも、歴史のすべてを知っているかのようだ。

最初に感じた神が臨在しているかのような気配は、明らかにこの木が放つ神気だ。

この木の存在が衝撃すぎて、私は呆然としたまま、かなりの時間が過ぎたように思う。

私の魂がこの木と充分に交流したのを見計らうかのように、長老の声が聞こえてきた。それは、まるでこの神なる木が話したとしたらこんな声だろうと思われるような厳かな声であった。

「これは、時を超え、我々を一つに結ぶ中心なる神、ＨＩＫＩだ」

ＨＩＫＩ……

私は彼のＨＩＫＩという言葉の響きに、なぜか何度も聞いたことのあるような、非常な懐かしさを感じた。

時を超え、我々を一つに結ぶ……

その意味はわからないが、直感ではたしかにそうであると感じさせる何かがある。

神なる長老の木

複雑に曲がりくねりながら集落を覆うＨＩＫＩの枝は、母なる神の腕や手のように感じられる。見ているのは私なのに、この木から私は見られていると感じられてならない。この神秘の腕や手によって、すべてを認知している気配が私を包んでいる。

この視線にすべてをゆだねたい……

私はそう思った。

見られている緊張感に抵抗せず、ＨＩＫＩにすべてをゆだねた瞬間、私の全身は言葉では表現し難い解放感のようなものに包まれた。

私たち人間の目は一方向からしか見ることができないが、この視線は、そうした方向性を超えた視線だ。すべてを見られているその感覚が、私の中に絶対的な何かを生じさせた。

ああ、ここに住む人々は、日々この視線の中にあるに違いない。なんという世界だろう……

「あなた方は、木には目がないと思っている。

それは大きな誤りだ。

ＨＩＫＩは全身が目でもある存在だ。

その目は、我々を自由世界に導くのだ。

木は、時を経るほど、大きな目の存在となるのだ。

ＨＩＫＩと共にあることで、我々にもその目が宿るのだ」


どういう意味だろう。

「ＨＩＫＩの目は、時空を超える目であることを我々は知っている」


時空を超える目……

悠久の存在であるＨＩＫＩが、祖先と現世の人々とを結んでいるのだろうか。

私は無意識にＨＩＫＩの周囲を取り巻く柱たち（ウッドサークル）を見ていた。祖先の霊性が強く感じられる。内側の柱ほど年を経た霊性を感じ、柱たちの内側の何もない空間（ＨＩＫＩとの間の空間）には、さらにはるかな時を知るスピリットが感じられる。

この柱が後にストーンサークルとなったのかもしれない……

長老の言葉には無数のメッセージが込められているように思われる。思考で理解しようとすると受け止め切れないものを感じるため、私は無思考のまま、ＨＩＫＩの視線を受け止め続けた。

集落周囲の森には、このＨＩＫＩに劣らぬはるかなる長老の木たちが賢者のように佇み、森の全体が神々の世界のような圧倒的な気配に満ちている。神々が互いに会話を交わす広大な空間の中で、私は人間としての思考をしばらく失っていた。

人間としての思考を失った私は今、自然界本来の空間に共鳴しているのであろうと思われた。言葉では表しきれない幸福次元に私はあった。これに近い感覚をどこかで体験したことがある気がするが、思い出せない……

私は、無意識に大地のようなＨＩＫＩの肌を見ていた。

完璧な宇宙だ！

ＨＩＫＩには、小さな生物や植物が無数に生存し、微生物まで含めると、膨大な数の生物が暮らしている。この木の中だけで生存のための循環が生じ、連鎖が成立している。

ただ暮らしているというだけではない。それらすべてが、何かとてつもない愛のようなものに包まれている。すべての命が、その力の中で生活を営んでいるのが感覚でわかるのだ。まるですべてを抱く一つの惑星だ。宇宙から見ているような錯覚に陥る。この集落の人々も、きっとこのとてつもない力に抱かれているのを感じているのだろう。

現代の私たちも、ペットを飼ったりして他の動物との交流を楽しむ。しかし、ペットの動物たちは、人間の寿命の範囲内で一生を終わり、人間の把握下にある。

このＨＩＫＩと人間との関係はその逆だ。

ＨＩＫＩは、人間が生まれる前からこの世界を知っている。そして、人間の死後もこの世界を把握し続ける。

出会っていない祖先たちを、この神秘の目は、ゆうに百代は見ているだろう。

考えてみれば、この種の共生関係を現代の私たちは失っているように思われる。

私は、それが何をもたらすかに直面しているのだ……

この集落のすべては、広大な時を把握する目によって見守られている。

そうだ、先ほど思い出せなかった幸福という言葉では表しきれない感覚は、昨年の夢の中で体験したあの宇宙空間での巨大な何かに愛されているかのような感覚だ。

ここはあの宇宙と同じだ。

あの時のような、すべてに包まれた一体性が、ここにはある。

「ＨＩＫＩの目は、すべてを一つに結ぶのだ。

ＨＩＫＩに比べれば、人間の知恵は、つかの間の知恵だ。

あなたが今感じているその奥には、人間とは何かの、あなた方が完全に忘れ去ってしまった秘密がある」


私は今、ＨＩＫＩを大地のように感じている。

いや、大地自体がこのＨＩＫＩによって通常とは違って感じられる。

そうだ、私たちの命は、この地球の成分、大地なるものから生まれた。私たちは大地の一部が一時的に姿を変えた大地の分身なのだ。私たちは大地というまったく別な存在に乗っかっているのではない。様々に変化する大地の変化形の一つなのだ……　大地こそは、私たちの究極の祖先であり、この神秘の木は、その究極の祖先と一体なのだ。この集落には、それをあたり前の実感として感じさせる何かがある。

この感覚に近いものを私はどこかで体験している気がする。

そうだ……

私は、子供の頃の、家の中心にあった大きな大黒柱を思い出した。

私は小さな頃、その大黒柱に祖先の意識を感じたことがあった。

私の知らない遠い祖先もこの同じ大黒柱を敬していたことを意識すると、祖先と共にいるかのように感じられてくるあの空間がこれに近い気がする……

陽《ひ》、火《ひ》、霊《ひ》

「秋になると、HIKIは、大量の実を降らすのだ。

我々はこれを、大地と天からの贈り物としていただく。

この贈り物は、我々の体の一部となり、魂となる。

そうして、我々の中でもこのはるかなる時を知る神の分身は、神々の言葉を語り続けるのだ」


なんという世界なのだろう。

私の脳裏に大量の実を降らすその光景が広がった。

色鮮やかな秋に、集落の全体に天から食糧が降ってくる……

食糧が天から与えられる世界とは、まるで楽園の実在だ。この木は、何千年も前の祖先にも同じ分身を与え続けてきたのだろう。1000年前の祖先の上にも、2000年前の祖先の上にも、同じようにそれは降り注いでいたに違いない。そうした祖先たちが大地に眠り、この木は、祖先たちの体の精を大地から地上へと引き上げ、天界へ帰すとともに、その証としてこの尋常ではない神威を放ち続けているのかもしれない。

「ＨＩＫＩは大地の分身であると同時に、ＨＩの化身でもある。

　だから我々はＨＩＫＩと呼ぶのだ。

　後の時代には、ＨＩＧＩとも呼ばれた」

　ＨＩ……

　彼のその言葉の響きは、美しかった。

　現代の私たちの発音とは微妙に異なり、あたかも光を発しているかのような響きがあり、私はすぐにそれが『陽《ＨＩ》』（あるいは光《ＨＩ》、日《ＨＩ》）であると悟った。

　そうだ、古代の日本語のＨＩは、霊《ＨＩ》をも意味している。

　私は、あの愛し愛されているかのような宇宙空間をふたたび思い出した。ＨＩＫＩのこの包まれるような空間の本質を私は直感した。

「ＨＩＫＩの目は、霊《ＨＩ》なのだ。
我々は常にＨＩＫＩに見守られ、ＨＩに見守られている。
見られることで守られるのだ」

私は、日本人が昔からよく言う「おてんとう様が見ている」という表現を思い出した。そこには私たちが考える以上の深い意味があるのかもしれない。

「我々の住居が、ＨＩを内包するのもそのためだ」

住居がＨＩを内包する？
彼のＨＩという響きは、先ほどとは微妙に異なっていた。
住居のＨＩとは、彼らの住居の中心に灯され続ける火のことだろうか。

（彼は私を見つめ、ゆっくりとうなずいた）

そういうことだったのか……

私の中で、陽《ひ》と火《ひ》が重なった。

集落の中心にも住居の中心にもＨＩがある……

彼らは住居の中心に火を灯し続ける。これは、彼らにとって太陽と同一なのだ。

ＨＩＫＩが太陽《HI》の分身であるように、住居中央の火も太陽《HI》の分身なのだ。

だからこうして灯され続けるのだろう。

私は、アイヌの人々も住居中央の炉の火を神として畏敬することを思い出した。

ここはやはり、宇宙だ……

ＨＩＫＩも宇宙だが、集落空間も宇宙なのだ！

集落はＨＩ（ＨＩＫＩ）を中心に宿し、それを取り巻く一つ一つの住居もＨＩを宿す。まるで惑星系のようだ。


「人間の目に見えようと見えまいと、目は万物の中心にあるのだ。

あなた方には信じ難いであろうが、我々は、太陽《HI》が宇宙の中心であることを認知していた。

『目がもたらす力《HI》』は万物の中心にあることを、我々は自然界から学び、知っていたからだ。

この認識が迷信として見下され、失われたのは、あなた方が弥生と呼ぶ時代に入ってからだ」

私は彼らの認識の深さに驚いた。

「宿されていたＨＩも、こうして本来のＨＩとして活動するのだ」


どういう意味なのだろう。住居の中心で炎へと変わる木を見ながら、私は一瞬考えた。

そうか……彼らの認識は、私たちとは逆なのだ。

火は、木としてのＨＩが、その本来の姿となる現象なのだ。

私は新たな気持ちでＨＩＫＩを見た。

その時、荘厳な神社の光景が浮かんできた。

太陽の光が、神社の最高部である氷木《ひぎ》にまばゆくあたっている。そしてその氷木を通してＨＩがお社《やしろ》の中に下《お》りてゆく。

私はそのビジョンにＨＩＫＩに似たものを感じると同時に、その名称の一致に鳥肌が立った。

氷木《ひぎ》（千木《ひぎ》）と呼ばれる神社独特の木組みは、必ず屋根の最上部、つまり、太陽に最も近い位置に設置されている。それは、あたかも神社がＨＩＫＩと同様、光によって命が与えられていることを象徴しているかのようだ。

しかも、その名称こそは、彼らが、神聖なるこの木を呼ぶ言葉と同じではないか！

千木や氷木は明らかに当て字である。現在は、千木《ちぎ》とも呼ばれるが、もともとはヒギ（ＨＩＧＩ）であり、ＨＩＫＩの象徴だったのではなかろうか。

そう思った瞬間、私の脳裏に太陽の霊性を受け取る霊木《ひぎ》によって、その霊性が心御柱《しんのみはしら》に宿されてゆくビジョンが見えた。

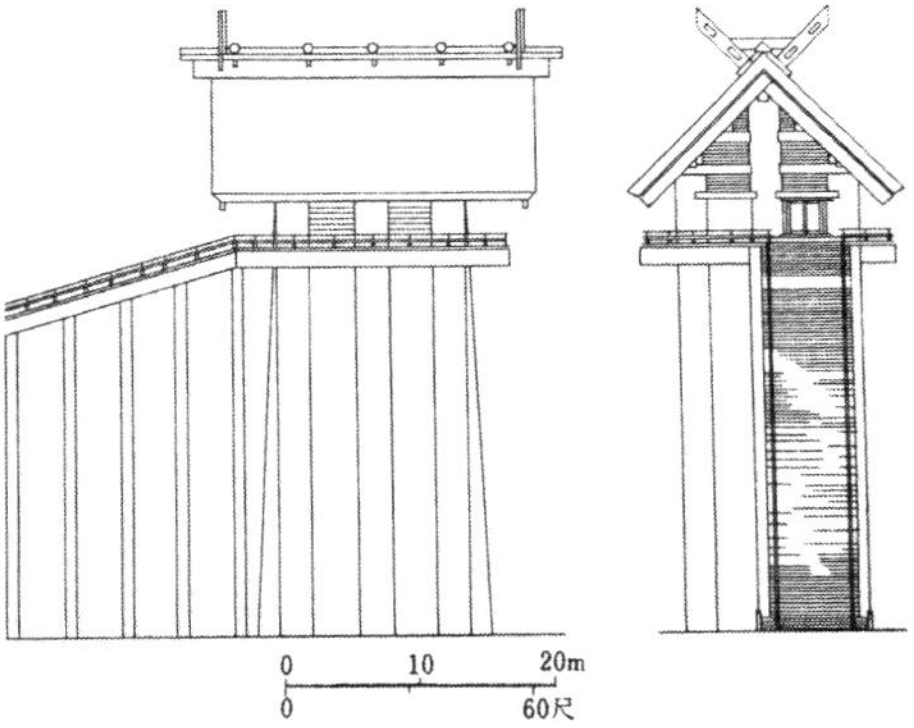

出雲大社

　古代の神社の中心には心御柱と言われる中柱が存在する。

　氷木と心御柱は、一対でこのＨＩＫＩを変化させたものなのではなかろうか……

「我々の子孫は、我々の意識を受け取り続けた。ＨＩＫＩが失われてからも、様々に形を変え、我々のあり方が再現されてきたのはそのためだ。あなたも経験している中柱を中心に生活するあなた方のあり方も、その一つだ」

伝統民家の中柱（大黒柱）のことであるに違いない。

やはりそうだったのか……

私は先ほどの大黒柱の記憶を思い出した。

私は大黒柱はすべての家の神さまの中でも一番大切な神さまと教えられて育った。

なんと雄大な心の伝統なのだろう。

私たちが1万年以上も前の人々に導かれているのだとすれば、今の私たちも、1万年先の人々に通ずるのだろうか……言葉にならない思いがこみ上げてくる。

木に宿る宇宙

ＨＩＫＩを見続けていると、自身の意識も雄大になるのを感じる。

見続けていると、突然、その巨大な幹の内部構造が鮮明に見えてきた。

まさか……

その構造に、私は驚嘆した。

この集落の構造は、このＨＩＫＩの体内宇宙そのものではないか！

この巨大な幹は、外周の細胞たちのみが生きている……

こんなにも巨大な幹の大半はすでに死んでいる祖先細胞なのだ。しかも、これだけの祖先を抱え込んでいるからこそ、この巨大なＨＩＫＩは自立できているのだ！

ＨＩＫＩが自立するのは、祖先と共にあるからなのだ……木は、現在を生きる細胞だけでは生きてゆけない存在なのだ。外側に一年ごとに新しい細胞が取り巻き、生きている外側の細胞（生細胞）たちは、内側で硬くなった祖先細胞（死細胞）に支えられて生存が維持されている。それがなければ、この巨大な体は自立できないのだ。

祖先と現世の命との共存体だ！

この集落も、祖先神との共存体なのかもしれない。

ＨＩＫＩは、年輪の中央に至るほどより古い細胞だ。

この集落もそうだ。中央に、生命の祖先である大地と繋がるＨＩＫＩが宿り、その周囲をはるかな祖先神から順に取り巻き、一番外側に彼らが暮らしている。

そうだ、太陽系も、これとそっくりの同心円構造だ。

中心なる太陽は、太陽系成立の原点であり、核だ……

太陽系宇宙、自然界、人間社会が、ここでは完全に一つに重なり合っている。

この奥に、彼らはいったい何を見ているのだろう……

「我々の集落の秘密が、あなたにも少しわかってきたようだ。
だが、この奥には、あなた方には完全未知の、宇宙の原理があるのだ。
少しずつ理解を授けたいと思う。あせらずに学ぶのだ」

しばらく呆然としながら時が過ぎた。
空白の時の経過後、私は我にかえって考えた。そういえば、昨日見た集落では、このＨＩＫＩの位置はストーンサークルに囲まれた空白空間だ……

人を育む自然界の霊性

「このＨＩＫＩも、たった一つの小さな種から生まれる。
我々はこの小さな球形存在に、子宮空間の象徴を見るのだ。
小さな種子の、中心なる一点から芽は芽生える。
中心なる力は、その中で働き続け、この一つの宇宙を完成させるのだ」

宇宙には絶対的な大も小もない。広大な世界は小さく、ミクロの世界は広大でもある……

彼らのこの集落は、広大な宇宙のように感じられる。彼らもそう感じているに違いない。

「ここには、あなたが実感しているように、人間を超えた力が働いている。我々がこの力に包まれるのは、我々の中心に目が存在するからなのだ」

私たちとはあまりに異なる視点に私は戸惑った。ただ中心に木があるからといって、これほどまでの空間が成立するとはとても思えない。彼らは私たちにはとらえられない何かを把握しているに違いない……

ふと、集落を意識すると、人々の姿が見えた。

ＨＩＫＩと大自然が生み出すこの集落空間のすごさに、私は人の存在すら忘れていたことに今頃気が付いた。

人々に意識を向けたことで、私は新たな衝撃に直面した。老年齢の男たちの存在が、私にはまったく神にしか見えないのだ。賢者のような髭をたたえ、髪は神話世界を感じさせる様々な形に結われており、顔には無数の皺《しわ》が刻まれ、私の知るいかなる老人よりもはるかな時を経ているように感じられる。

何より衝撃なのは、その目線である。皆一様にすべてを見抜くような視線を感じさせ、数人が集まっている光景は、神話の神々が集っているかのようだ。私たちにとって祖先神であるはずのこの人々の存在感は、まさしくその祖先神のイメージそのものだ。私たちが何げなく頭に描く神の姿さえも、彼らの存在の感知ではないかと思われてくる。いや、本当に彼らこそそうであるに違いない。

私たちとはまったく違う次元世界が見えているであろう彼らを前に、私は神々の世界を目《ま》のあたりにした神秘に包まれた。

現代でも少数民族の人々は一様な体や顔立ちをしていることが多いが、同じように彼らも一様な顔立ちに感じられる。

だが、これほどの未知の知性のようなものを感じさせる顔立ちの民族を私は知らない。やはりここは1万4００年前の太古なのだ。時というもののもたらすスケールの大きさに直面させられる。

人と人とが殺し合うことが日常であった時代に、その真逆の世界を成立させていたその人々に、私は今、ふれている。私にとって、その原理はまだ未知であるものの、その世界に今私はふれているのだ。

しかし、このはるかな時を経たような肌の雰囲気を私はどこかで見た気がする。

アイヌ民族

木を神とするアイヌの彫刻

そうだ……

彼らに漂っているものは、ＨＩＫＩの存在感ではないか！

老賢者のような彼らの顔の、はるかな時を経た存在感は、ＨＩＫＩのそれと似ている。何千年もの時を経たＨＩＫＩの威厳、彼らの顔には、それと同じものが漂っている。ＨＩＫＩと共にあることで、ＨＩＫＩの意識に近づくからだろうか。

意識を周囲に向けると、遠方の山々には、樹齢数千年を超すであろう大樹があたり前のように佇んでいる。

この集落のＨＩＫＩと同じくらいの年数であろうはるかなる長老たちが集団で放つ壮大な気配によって、山や森の存在感全体が、現代の山や森とはまるで違うことにも驚かされる。山や森の全体に、時を超えた存在にしか宿り得ない、とてつもない神性が感じられる。到底人間が及ぶことのできない神秘なる霊性の深みに満ちている。

まさしくこれは、神々の世界だ！

広大な全域がＨＩＫＩたちの世界と言っても過言ではない森や山に、この集落空間は囲まれているのだ。そう気付いた時、彼らの集落空間は、圧倒的な迫力で私を包み込んだ。

「この地域は、豊かな水に恵まれた長老の木々たちの住まう場だ。

長老たちに我々は包まれ、さえぎる物のない空も、その全体が我々を包んでいる。

この世界に我々は、この上ない幸せを感じるのだ」


彼らの森は、長老たちを伐採してしまった私たち現代人が、長老のいない山や森しか知らないのであるという重大な真実に私を直面させた。

この壮大な森の力に接すると、アニミズムを迷信と思う現代人が、逆に理解できる気がしてくる。彼らが自然界に霊性を認識していたのは、それを認識せざるを得ないほどの自然界に接していたからなのだ。

私たちが知る山や森は、真の自然ではなかったのだ。森林資源という言葉を現代人は使うが、私たちが本当になくしてしまったのは、資源ではない。このとてつもない神性なのだ。

彼らがこのように育つ理由に私は今直面しているのだ……

この神性にふれていたら、心という心は、このＨＩＫＩたちのように育つのだろう。自然界の偉大さを失った私たちが悔やまれてならない。こんな私たちが彼らの子孫であることが情けなく、申し訳なく思われてくる。彼らの背後には数えきれないほどの祖先神の存在が感じられる。彼らを目の前にすると、その背後の祖先神たちからも、自身のあり方を問われているように感じられてくる。『祖先神』……この言葉が、私の中で迫りくるような言葉として実感されてきた。

時を超える空間

大地の中に住む人々

集落を見ると、女性たちが輪になっている。

踊りながら遊んでいるのだが、その子供のような幸せな笑顔に、人間の原点を見る思いがする。

それに、誰を見てもおしゃれだ。

様々な飾りを身につけ、見ていると、カラフルな絵画を見ているような気持ちになる。

現代人はあまりに遊び心のない色彩生活をしているのであることに、気付かされる。

現代人は、髪がぼさぼさの原始的縄文人を描きたがる。だが、そのイメージは大きくくつがえされた。誰もが髪を美しく個性的に結わえ、一人一人が魅力的だ。男女が一緒に生活すれば、互いの美しさを磨くことは、考えてみれば当然だ。現代人よりも彼女たちのセンスは私の魂にぴったりに響く。

歌いながら踊る女性たちを子供たちが真似している。

幸福感がそのままあふれ出るような躍動感に見入ってしまう。

おそらく現代の舞踊家でこれを本当にコピーできる人はいないだろう。単なる体の技法ではなく、もっと根本的な違いを感じる。

私の目は、10歳くらいに見える一人の少女の神秘に釘付けになった。一見、大変無邪気で子供らしいが、目、表情、かもし出される空気、何をとってもこの世の存在とは思えないほどの神秘的存在感があり、踊り始めると、それがさらに如実に表現されるのだった。幻想的な世界に引き込まれる。子供っぽさと、深い神秘性の同居は、彼らの世界の子であることをダイレクトに実感させた。

互いに交わされる言葉は私には理解できないが、ヒムカが彼女の名前であろうことは聞きとれた。全体的に小柄であるため、年は若く見えているかもしれない。

遊びでありながらも、こうした踊りを通して彼女たちのこの神秘性は培われているのだろう。私たちの知る踊りというものは、その性質によって人の魂を向上させることも下落させることもあるが、彼女たちのそれは、人の魂を最も美しく輝かせる性質のものに思われる。

女性たちは、彼女に限らず目や顔に多感な感性が感じられ、体の特徴もあって、むしろ未来人でもあるかのような気がしてくる。現代の日本人は、世界的に見ると猫背が多く、立っていても前かがみ気味の体であるが、この特徴がむしろ原始的に思われてくる。現代人より小柄であるものの、何か上昇するような躍動感がある体があまりに美しい。繊細に整ったこの体を見慣れた目で現代のごく平均的な人間を見たならば、きっと繊細さに欠ける、愚鈍でぬぼっとした体に感じることだろう。

現代の私たちは前かがみの姿勢をとり続ける勉強に多大な時間をかけて成長期を過ごす。小学校に入った一年間で大半の子供たちは姿勢だけでなく自然な体のエネルギーを失ってしまい、現代人の大半は美しい人間本来のエネルギーを失っているように私には見える。そんな私たちに比べ、大人になってもデスクワークや過度な農作業に追われることもなく、自然のままに偏りなく生活し、日々自然の中で踊るような生活の体は、躍動感にあふれていて当然かもしれない。踊りと音楽で暮らしていたアフリカの先住民の体は驚くほど躍動感あふれていた。同じ黒人でも都会に生活する黒人からはこの躍動感が失われてゆくのと同様、私たち日本人も、かつてあったこの美しい体を失ってしまったのかもしれない。

それに、ありがたいこのＨＩＫＩを見上げることの多い彼らは、姿勢も自ずと光を浴びるようなイメージになるのだろう。

女性たちの衣服は、やはり朱の色を基調にしていることに驚かされる。あの時代より数千年も前なのに、同じ色を基調にしていることがまず驚きだ。同じこの色がこんなにも長く用いられているからには、この色に意味があるのかもしれない。

「我々は、この色をＨＩと呼ぶのだ」

私たちも赤系の色を緋《HI》とも呼ぶが、関係あるのだろうか。

そう思いながらふと集落にある土器を見ると、同じ鮮やかな朱の色であった。私たちが縄文土器として知るイメージとはまったく違い、一つ一つが光を放っているかのような印象を与える。

集落の全体を見渡した。集落の住居の数は全部で十数個あるが、その内のいくつかは、倉庫的な目的のものであるように思われる。各住居はやはり整った左右対称のきれいな円錐の形であり、自然の景観と実によく調和している。

屋根の傾斜はいずれの住居も45度ほどであり、その統一性が神秘的だ。

「この傾斜角は、人間の意識を中心なる目に導く力をもつ。我々はこの力を、体感的に把握しているため、住居もその通りに作るのだ」

私は後に出雲大社など、古代の神社の屋根の傾斜も45度であることを知った。

住居の一つに入ってみた。

竪穴式住居は、思ったよりも深く、大地の中という感覚だ。

心がみるみる静まるような実感を感じる。

家の中央には炉があり、火が灯され続けている。炉の脇にはきれいな高さ30センチほどの木の柱が大切に立てられている。何か魂が宿っているように感じられる。

後の時代の遺跡からは同じように立てられた立石が見つかるが、これはこの柱を受け継いだものではないだろうか。木は腐ってしまうため後世には残らないが、石は残るため、現代の私たちは石の存在ばかりを目にするのかもしれない。

入ったばかりは暗く感じていたが、しかしこの暗さが、大地の中で守られているような、なんとも言えない安らぎに感じられてくる。と同時に、この暗さゆえに中央の火の光が神秘的に感じられる。

大地の中にいるという実感に包まれる。ずっとこのままここにいたい気持ちになる。この中にいたら、誰でも大地にいとしさを感じざるを得なくなるだろう。大地が生きていて自身を守り包んでいると間近で感じるこの感覚の中で彼らは育つ

住居の中心にある立石

のだ。この生活は、大地を物としてではなく広大な命と感じる感性をもたらすに違いない。私は竪穴式住居は全面が土間なのだと思い込んでいたが、半分以上がむしろによく似た敷物が敷かれており、畳に近い雰囲気がある。こんなはるかな時代から私たちは同一の家感覚を維持していたことに驚きを感じる。

家の中の土の匂いも、不思議なほど懐かしい。すべての存在の母なる匂いの気がする。高床式の建物もありながら、あえて生活には大地の中を選んだのは、この、大地との繋がりのために違いない。私自身も、この体験をすると、やはりこの位置で生活を選びたくなる。高層階に住む人たちに精神疾患者の比率が高いという統計があるそうだが、逆に彼らのような生活をしたならば、精神疾患も癒されそうな気がしてくる。

そうだ、夢の中の未来の人々も、大地の中に生活していた。あれが本当の未来であるとすれば、この縄文の彼らは、未来の到達地点を先取りしていたと言えるのかもしれない。

集落のしくみ

南側の森の中には、多数の円形集落が、この集落を中心に半円形を形成するようにして点在しているのが見える。この大集落群の全体が一つの空間を感じさせ、壮大な森林を基礎にして一大空間を形成しているように思われる。
よく見ると、周辺の集落のほとんどは長老の集落よりも規模が小さいように思われる。
「この一帯の集落は、皆、血縁関係で結ばれている。
あなた方の言葉で言えば、全員が親戚の関係にある一大家族である」
こんな巨大な集落群の全体が一大家族……
私は絆《きずな》の大きさに驚いた。
「我々の集落は、この中でも最も古い歴史があり、いわば本家のようなものだ」
ということは、彼はこの広大な地域一帯の最長老としてのポジションであるのだろう。
おそらく各集落にもそれぞれの長老がいるのだろう。
「生命の進化にも、人間の進化にも、軸というものがある。
その全体を統括し、導く中心が必ず存在する。

我々のこの集落群は、後の縄文文化全体の軸としての役割を果たし続け、我々を抱くように集落群が形成され続けた。我々が構築したこのあり方は、様々な形で広範囲に及び、部分的影響も含めればほぼ日本列島全域に及んだ。とは言え、それぞれが独立した血縁世界である我々の世界は、地域による差異があなた方よりはるかに大きい。集落の上でも、我々のような円形集落を形成していない地域や不完全な円形集落地域があるのはそのためである」

この集落は、縄文の時代をリードした核的存在なのだろう。

周期を超えた文明

「この我々のあり方は、約2万5800年前から絶えることなく継承されているのだ」

2万5800年前……

年代の数値に唖然《あぜん》とした。

私たちの時代から縄文晩期までが約2300年前だ。桁が違いすぎる……

彼らの存在だけで私にとっては驚きであるのに、そんな桁違いな太古に、一部とはいえ、本当にこんなあり方を実現した人々が実在したのだろうか……

人類最初の文明とされるシュメール文明でも、6400年前だ。

私は歴史に思いをはせながらそのスタートとなった年を計算した。

この年代から2万5800年前ということは、私たちの年代から数えると3万6200年前ということになる。

一致している……

私は昨年の夢の年数を思い出した。

伝説的なアトランティスの話でさえも、1万2000年前とされている。それよりも3倍も太古の時代ということになる。一般的な歴史観では、3万6200年前は旧石器時代であり、まだ人類が磨製石器も発明していない動物同然の時代のはずだ。

しかも、そんな太古から一つの社会がずっと持続することがあり得るだろうか。一つの文明が800年以上続くことはないという地球自体の法則（詳細は『ガイアの法則』を参照）を知っているだけに、私にはとても信じ難い。

私は古代シュメールとの接触によって人類史の最大の秘密を知った。いや、知ったと思っていた。しかし、縄文の叡智は、それさえも覆す秘密を握っているのだろうか。

「あなた方現代人は、人類社会というものを理解できていない。

今ある社会をすべてと思ってはいけない。

我々は、時空の束縛を超えるあり方を知っているのだ」


そんなことが可能なのだろうか……

時空の束縛を超えるあり方？


「あなた方にもそれは可能だ。

我々は、あなた方のように詳細を言葉で伝える文化ではない。だが、肉体なき私は今、時というものを抜き超えた存在としてすべてを認知している。その立場からあなた方に理解できる表現で必要な情報を伝えている。

あなたが知るように、この地球上の文明は、時の支配下にある。

それは人間としてまだ未完成な段階を意味するのだ。

この2000年間は、現象的には人類のすべてが時空の扉を失った暗黒の2000年間だ。

だが、時を超えた我々は、見えざる世界にそれを維持し続けている」

見えざる世界？

「あなたがこの時代の我々の祖先を見ることができたとしたら、そのあり方に驚くだろう。日本列島には、あなたの年代から数えて約3万7000年前に超感覚的な人々がやってきた。彼らの感覚はこの島の母性的自然界の力によって育まれ、3万6200年前にこの我々のあり方の基礎が確立された。

あなた方は、すでにその証拠を発見しているが、その意味を理解できないでいる。あなたにそれを伝える必要があるのは、我々の叡智は、いずれあなた方の未来の叡智となるからだ」

日本列島からは、世界最古の円形集落の跡地が多数見つかっている。

しかもそれは、3万6000年ほど前のものと推定されていることを私は後で知った。

殺された人骨がほとんど発見されないという古代社会の例外性もその時代から続いていたのだろうか。この時代から2万5800年前ということは、ちょうど地球の差異運動の一回転前だ。まったく奇跡としか言いようがない。

「我々の社会では、長い歴史を通し、あなた方の認識レベルで見るならば、争いらしい争いは

縄文の円形集落（馬高縄文館）

一度として起きていない。我々が重視していたものは、あなた方のような行動的調和関係ではなかった。

我々の社会が調和社会であったのは、争いというものの要因自体が発生することのない存在基礎の上に存在していたからだ」

争いらしい争いが一度として起きていない……

争いというものの要因自体が発生することのない存在基礎……

彼の言葉には、驚かされるばかりだ。

縄文遺跡からも殺傷された可能性のある人骨がわずかではあるが、発見されている。そのため、私は、争いはまったくのゼロではないと思っていた。普通に考えても、人間と人間がまったく争わないということは、到底考えられない。少しはあって当然である。

しかし、その比率の少なさも、わずかな数の殺傷人骨の発見が強調され、縄文もその例外的社会ではないという意見が日本ではもてはやされ、注目されなくなってしまっていることに対しては、私は残念に思ってきた。だが、反対意見があることを考慮し、この話題にふれることを私は避けてきた。そんな私にとって、争い皆無であると言った彼の言葉は衝撃であった。

どういうことだろうか？

この体験後、私はこの矛盾をかかえたまま葛藤の日々が続いた。

彼が誤った情報を伝えることがあるのだろうか。そんな思いに揺らぐこともあった。

だが、ある時思い立ち、わずかなその例外について徹底的に調査してみた。

その結果、私は驚くべき真実に直面したのである。

彼の言っていることは、真実であった。なんと、殺傷された可能性のある人骨は、そのすべてが円形集落が形成されていない縄文遺跡からのみ発見されていたのである。

つまり、彼らのこの集落地域のみならず、充分な円形構造が成立している遺跡からは、長大な歴史のどこを見ても殺された人骨が見当たらないのである。この発見は私にとって最大の衝撃であった。

争いを超えるという奇跡は、人類史の中に本当に実在していたのだ。

正真正銘の完全調和社会は、存在していたのだ。

完全調和社会

この事実は、奇跡の社会の実在だけではなく、その完全調和社会の秘密が円形集落社会のもつ何かにあることを示唆しているはずだ。

彼も言っているように、縄文時代の文化の地域差は大きく、地域によって別世界と言えるほどの社会であった。これをごちゃまぜにしてしまうと、真実は見えなくなる。縄文関係の本の中には、縄文人は死者を集落中央に土葬して円形に生活し、そうではない形態でも生活したなどと書かれたものがあるが、これは誤解を招く表現である。

都会に育った人には想像できないと思うが、私の育った地域でも、自身の村の出身者と隣村の出身者とでは、顔にもわずかではあるが違いがあり、言葉にも微妙な違いがあった。宮古島では、昔はあの小さな島の中でさえ、いくつかの言語圏にわかれていて、互いに言葉が通じないほどであった。古代に至るほど、地域の差はより小さく分かれている。おそらく縄文も、言葉もわずかしか通じないほどに互いに異なり、無数の国々であったに違いない。その中の、どの国（地域）を対象にするかによって、まったく違う世界の探究になり、混合させてしまってはそれぞれが見えなくなる。

縄文の円形集落が形成された地域は、それ以前の時代（旧石器）からも円形集落跡が見つかる。つまり、旧石器時代から縄文にかけての非常な長期にわたって、この先端地球は、ゆるぐことのない平和社会を踏襲し続けたのではなかろうか。

その始まりを見てみたい……

「あなたの時代から3万6200年前にどんな世界が展開していたかは、一年後にお見せしよう。

あなたはその前に、この我々の子宮空間自体がいかにして成立するのかを実体験する必要がある」

たしかに私にとってそれは最も知りたいことだ。

それを見ることができるというのだろうか。私の胸は期待で高鳴った。

第3章

空間形成の秘密

冬至とHARI

集落の中央広場には人々が集まっていた。

見ると、人々は、細長い植物の葉を編んでいる。

その縄状のものに衝撃を受けた。

まるで神秘の命が宿っているように見えたからである。彼らの世界の重要物という強い印象を受けた。

大地にむしろのようなものを敷き、縄をなうようなこの行為を見ていると、自分もかつてここでこうしていた気がしてならなくなる。

厳粛な雰囲気ではあるものの、それを手伝う子供たちは楽しげであり、大家族であることを感じさせる。編んでいる草のなじみ深い香りがする。

先ほどの、ヒムカが小さな子供に編み方を教えている。彼らの子であると実感させられるその目線や雰囲気には、包み込むような愛情が感じられる。さらにそのヒムカと小さな子供たちを、おばあちゃんや曾おばあちゃんであろう人々が、同じく包み込むような視線で見守りながら縄状のものがなわれてゆく。なんと温かな時間だろう……

一つ一つの行為は、霊力を宿しているように見え、特に年配者の指先には驚くほどに強い気が感じられる。

「これは、冬至を迎える準備の一つだ」

やはり、そうだったのか。

集落内がきれいに手入れされているのも、冬至を迎える準備のためであるのかもしれない。現代の生活では、新年は意識しても冬至はいつ来たのかわからないほど意識されずに過ぎ去ってしまう。しかし彼らは何日も前からこの日を大切な節目として待ち望むのだろう。

しばらくすると、植物の葉で編んだ縄状のものは相当な長さになり、長いロープのようになっていた。この目的が少しわかってきた。集落を包むように植えられたまっすぐな木々に結わえ始めたのである。

木々は葉を落としているため、柱のように見え、柱に結ばれているような印象である。しかし、その結わえる手順が独特だった。縄状の物の中央を、集落の最も西側に位置する木から結わえ始めたのである。

その前に、これを集落の人々全員でその位置まで運んだことに私は驚いていた。一人でも運べないことはない重さである。この神聖物に全員が関わることに意味があるのだろう。

中央をその木に結ぶと、その両サイドから、賢者のような風格のある年配の二人の男性が、まるで弓道家が弓を射る時のような緊張が立ち込める中で引っ張った。その時、周囲の人々は独特な声を発し、周囲は驚くほどの緊張感に包まれた。明らかに、結わえる行為自体が儀式であった。


「これは、HARIづくりの準備だ」


HARI？

その独特な響きの言葉に、私は強烈な印象を受けた。

悠久の時というものに一瞬ふれたような感覚を覚えたのである。

彼の言葉は私にわかるように現代の日本語で伝わってくるが、この言葉は、あえて彼らの発音通りに私に伝えたようだ。やはり彼らにとって重要な何かであるに違いない。

おそらくHARIは、具体的にはこの縄で成立させようとしている何かであり、物質次元のものではなさそうだが、わかりやすいよう、この縄を仮にHARIと呼ぶことにしよう。

最初の木にHARIが結ばれると、その両脇の木にも同様に結ばれていった。やはり同じように独特の声が発せられ、そのたびごとに、何か空間に神聖な緊張が生まれているように感じられる。

ＨＡＲＩは、次第に両腕で集落空間を抱くかのように集落を包んでいった。

最後は東に位置する2本の2メートルほどの高さの柱の、それぞれに結ばれて終了した。この2本の柱は最上部が両者を繋ぐ棒で繋がれ、門のようにも思われた。

ＨＡＲＩと共に集落を包んでいる木々はそれぞれが神で、互いに手を繋ぎ合って、内にある集落空間を包んでいるかのようだ。

集落がこれまでとは何か違う気がする。不思議でならないが、今までにない荘厳な気配がその内側に感じられるのだ。

これは何なのだろう。

ＨＡＲＩが取り巻くこの光景は、どこかで見たことのあるような光景にも思われた。

素朴な人々は、申し合わせたように無言で集落の中央に向かっている。その視線のエネルギーがまた、この内側の空間を一層活性化させているようにも思われた。

この縄のようなものには、霊力でもあるのだろうか。この空間の変化には、やはりそう思いたくなるものがある。

そうだ、縄だ！

『縄文』という言葉が、突如私の中でこのＨＡＲＩに結び付いた。

縄文という言葉は、縄文土器に縄の文様が多用されていることからきている。

なぜ縄なのか、このＨＡＲＩを見ていると、そこに秘密の鍵がある気がしてならなくなった。

縄文の世界を解く鍵は、その命名通り、縄にあるのかもしれない……


「こうして、我々は子宮なる空間をつくるのである。

この空間には、あなた方には信じ難いであろう力が成立する。それには理由があるのだ。

我々の子孫であるあなた方は、残念ながら、この力を失ってしまった。

あなた方は個人も社会も、様々な問題を抱えている。

それぞれの問題にはそれぞれの原因があると思い込んでいる。

だが、いかなる問題も、その本質をつきつめれば、その原因はこの力の喪失以外にないのだ」


たしかに私たちは様々な問題を抱えている。

だが、それとこれとがどう結び付くというのだろう。

「明日の朝、ここに来るがよい」

彼は、今日伝えるべきは伝え終わったという表情で姿を消し、あたりは現代の遺跡となった。

やわらかな空間から、突然現代に戻ったことで、現代のこの空間が、まるで直線的エネルギーが無数に体に当たっているかのような落ち着かない感覚で感じられる。

明日の朝と言っていたが、明日は冬至だ。

もしかしたら、1万4００年前の冬至の祭りを目にすることになるのかもしれない……

と思いながら、私は、明日がこちらの世界では12月21日であることに気付き、はっとした。

夢に出てきた日付と一致する！

私にとっては衝撃の連続であった今までの体験は準備的なものでしかなかったのだろうか。

明日こそが本番と言うべき体験が待っているのだろうか。

異次元のような印象を受けたあのストーンサークル中央の空間を私は思い出した。

その秘密をいよいよ知らされるのではないかという期待が私の中で高まってゆく。

縄文のグレートマザー

翌日、私はいつもより早く目が覚めた。布団の中で、期待と緊張が入り交じり、落ち着かないので、まだ真っ暗な中、遺跡に向かうことにした。

到着したのは、4時半頃であった。

ポケットライトで足元を照らしながら、遺跡へと向かうと、遺跡は深い静けさに包まれていた。ライトを消した。

しばらく立ち続けていると、私の体も周囲の闇のように静まってゆく。これから何かが始まろうとしている独特の気配がする。私の体は、現代にいながらも時を超えたスピリットの気配を感じ取っているようだ。見えるわけではないが、見えざる存在と共にいる独特の感覚の中にあった。

長老の時代に行くことができるだろうか。

私は、神聖なゲートをくぐるような気持ちで遺跡の中央に立った。

自身の体が空間のようになるのを感じた。

気付くと、意外にもあっけなく、真っ暗な集落に私は立っていた。

どこまでも暗い暗闇であり、小雨が降っている。

集落にはなぜか人のいる気配がなく、真空のように静まり返っている。

人々は皆、集落の外にいるようだ。なぜ、集落の中に誰もいないのだろうか。

そう思いながらも、何もない集落内があまりに気持ちのよい空間に感じられ、しばらく暗黒の集落に向かい合った。シンとした空間にパラパラと降りてくる小雨がさらにまた、心を深く落ち着かせる。誰もいないこの集落内には独特の気配が満ちている。表現し難いが、澄み切ったにぎやかさとでも言うべきような暗黒である。

しばらくして、人々の動く気配がした。

人々は集落から少し離れた所にいて、少しずつ女性のみが集まってきたようだ。

集落の女性は、小さな子供以外ほぼ全員が集まったようで、HIKI周辺の広場の端に火が灯され、それを包むように集まっている。

よく見ると、女性たちは全員、ほとんど何も纏《まと》わず、首や、手首、足首などには、石や草で編んだ装飾をしている。

全身が小雨に濡れて、美しいラインの体がさらに輝くかのようだ。

女性たちが裸というと、現代人は性的関心の対象にしてしまいそうだが、ここでは、そのような感覚は誰にも生じないだろう。ただただ、人間が本来いかに美しいかに直面させられる。集団が神聖なる空間の中で全裸という神秘的な光景は、初めて見る光景であるはずなのに、なぜか無性に懐かしくてならない。雨に濡れた体の感覚がこちらにも伝わり、この懐かしい美しさは、見ているだけで、私を解放感に引き込んだ。

まだ何も始まっていないのに、すでに私は、体験したことのない何かを感じていた。

ほぼ全員と言ったのは、集落の外側の北側の小さな小屋には人の気配があったからだ。

小屋の中を見てみようと移動した瞬間、その中に流れている空気に衝撃を受けた。

まるで永遠《とわ》の時とでも言えるような、はかりしれない時の流れのようなものを感じたのである。時間も空間も無限である世界に入り込んだかのような錯覚に陥った。

そこには、出産直前と思われる女性と、それを手助けする二人の女性が残っていた。

この内の、手助けをする二人の女性を見た瞬間、さらなる衝撃に襲われた。二人は7、80代くらいの年配の女性であろうが、深く皺が刻まれたその顔は、感覚ではまるで何百歳もの年齢を重ねたかのような存在に感じられたのである。その個人というものを抜き超えた、はかりしれない目を見ただけで、この小屋の中に広がるこの気配は、この二人の女性から放たれているのであるとわかった。彼女たちの放つ気配には、あたかも新しく生まれようとする命を神が迎え入れようとするような威厳が感じられ、私はまるで神の目を目の前にしたような実感に包まれた。もしも彼女たちの年齢が700歳であると告げられたとしても、私は本気で信じたに違いない。

彼女たちにとって出産とは何なのか、それが迫るような存在感で伝わってくる。私たち現代人は、皺を美しさの反対にあるもののようにとらえているが、この二人のそれは、美しさというものをもはるかに通り越し、神の光のように感じられる。その叡智に満ちた目には、数えきれないほどの祖先たちの子孫を想う意識が、その目に重なって感じられる。私は、この深遠な透き通った目をどこかで見たことがある気がしたが、思い出せなかった。

集落全体が大きな愛に包まれたように感じられるのは、この集落がこうした人々の意識に抱かれているからだろうか。人間が年を経るということへの私の認識は、この二人の存在の衝撃によって、大きく覆された。年を経るということは、神に近づくこと以外の何ものでもない。少なくとも彼女たちの世界ではそうであるに違いない。

縄文土偶の秘密

集落を見ると、いくつかの住居が骨組みだけになっているのがわかった。それらの住居は、すべての葉を落とした真冬の木々のように、集落に閑散とした印象を与えていた。何もない集落全体の印象は、『無』という言葉がぴったりな気がする。恐いほど深い無である。

灯されていた火が消された。

儀式の始まりと思われる。

私の鼓動は高鳴った。

驚くことに、このタイミングで雨は止んだ。

あたりは暗いがごくかすかに空が明るさを増している。

女性たちは、ＨＩＫＩを周囲の広場ごと、包むように取り巻いた。

寒さが彼女たちの緊張感を高めているように感じられるが、この独特の空間のせいだろうか、寒さに震えている女性はいない。

しばらくすると、女性たちは、両腕を左右に広げ、ＨＩＫＩの空間を円形に包むような形を作った。女性たちの体には、まるで木のように深く大地に根ざしているかのような何かが成立したのが感じられた。

しんとしていた集落内は、ますますその静寂さを増した。

女性たちは少し上方を見上げるような姿勢となった。

ヒムカの姿に私は強い衝撃を受けた。小さな体の周囲に何か大きな力が躍動しているとしか言いようのないものが感じられるのだ。美しく静止した体は、エネルギーレベルでは踊っているように感じられる。

気付くと、それはヒムカだけではなかった。年配の女性たちには、すさまじいほどの大地のようなエネルギーが感じられる。

全体にも、何か大きなエネルギーが流動しているのを感じる。

しばらくそれが続いた後、女性たちは両腕を下ろし、全員が独特の立ち方となった。腕を胴につけず、脇を少しあけるような形である。

このいかにも縄文のイメージそのものの形をとると同時に、あたりはさらに静まった。その静寂が身に迫ってくるのを感じた時、この立ち方は、最初、私に能の立ち方を連想させた。指の形は違うが、張りのある姿勢は似ている。能でも、あの独特の立ち方で登場する時、舞台の空間が静まり、ただならぬ気配が漂う。同様に、他の立ち方では生じない何かを彼女たちは成立させているのかもしれない。

そういえば、能面とよく似た土面が縄文遺跡から発掘されている。もしかしたら私たちの文化には、この時代から受け継がれたものがあるのかもしれない。

ただ、立ち方はあくまでも似ているのであり、正確には能の姿勢よりもやや背中側に重心が形成されているように思われ、柱のようなすっと伸びた上昇感は、能には感じられない印象であり、不思議な躍動感が漂う。

縄文の土面

なぜこれだけの形なのに、こんなにも空間が変化するのだろうか。
いや、この形を能以外で見たことがある気がする……
と思いながらも突然、小屋の中の気配が気になり、小屋に意識を向けた。

その時、ちょうど出産が始まろうとしていた。出産直前の女性は、二人の女性が両サイドにつき、立ったまま出産を迎えようとしていた。これがこの時代の通常の出産なのであろう。そういえば、現代でも、自力で本能的に出産した人は、膝立ちなど、これに似た体勢で出産することが多い。
出産の女性の体には、どっしりと大地に向かうような強い安定したエネルギーが感じられる。

しっかりと立てているのに両サイドからサポートしているのは、肉体的サポートというよりも何か霊的なサポートのように感じられる。

そう意識した瞬間、私は気が付いた。

同じだ！

儀式の彼女たちの体と同じエネルギーを感じる……

儀式の女性たちの体には、大地に深く繋がるかのようなエネルギーが感じられるが、それは、彼女のそれとそっくりだ。いや、エネルギーだけではない。儀式の女性たちも、両脇を支えられているかのように両脇に空間を作っており、体の形がまったく同じだ……

これは、いったい何を意味するのだろう……

出産しようとする女性は、恍惚とした表情をして斜め上方に視線を向けている。あまりに美しく、あまりに尊い。彼女から放出される、この崇高な気配もこのエネルギーと関係している気がする。そうだ、儀式の女性たちもだ。斜め上方に視線を向け、彼女と同じほどの至福の表情をしている。誰を見てもそうだ。

これは演技ではなく、共通して沸き起こる何らかのエネルギーが彼女たちをそうさせているに違いない。

やはり能以外にどこかで両者に似た姿を見た気がする……

そう思った瞬間、私は、ついに衝撃の事実に気が付いた。

土偶だ！

両者の姿は、縄文土偶のそれだ……

私が見たと思っていた姿は、縄文土偶だ。

縄文の土偶には独特の特徴がある。その特徴のどれもが、この両者に当てはまっている。

縄文土偶のほとんどは、抱えられた彼女たちのような形（両脇に空間のある形）に象られている。表情も至福の感情に見えるものが多く、斜め上方を見上げている造形も同じだ。腕の形も、先ほどの腕を左右に広げた形とよく似た形に象られた土偶も多い。土偶の腕の形はだいたいこの二つの形のどちらかである。おそらくは、この形での出産もあるのだろう。

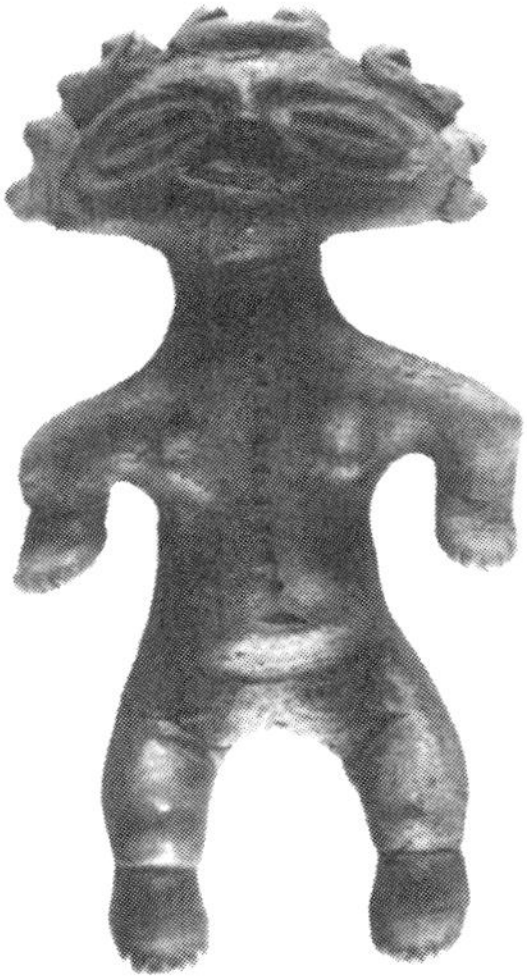
縄文土偶

また、バストラインの左右に強い張り（エネルギーの流れ）を感じさせる造形が多いが、彼女たちにはまさにそのエネルギーが感じられる。

それに、縄文土偶は乳房や性器が象られた裸体がほとんどだが、彼女たちもま

立って出産する土偶

縄文土偶2

たそうであり、出産の女性ももちろん裸体である。目の前の女性たちが土偶そのままの形をとっているというこの現実は何を意味するのだろうか。また、この空間の変化は、何を意味するのだろうか。まるで新生児が誕生するように、彼女たちが囲む空間には、何かが生じたとしか思えないものを感じる。

出産に最も適した人体は、この空間的何かをもたらす条件でもあるのだろうか。

何か命の究極にふれる秘密を見た気がしてならない。

「これを、我々はＨＩＴＯＫＡＴＡと呼ぶ」

突然聞こえてきた彼のＨＩＴＯのＨＩという音声は、ＰＩに近く、魂を振るわせるような独特な響きがあり、その響きに私は強い衝撃を受けた。未知の人間観のようなものを直感させたのである。

「あなた方はそうではないが、出産は本来、我々の言うＨＡＲＩの成立した体によってなされるのが自然の摂理である。その力は、順調な出産を促すだけでなく、出産時の節目に必要な霊的条件を新生児にもたらす。あなた方も本能で出産する時にはこれに近い形をとるのはそのためだ。人間の体は本来、教えられなくともこの原理を知っているからだ」

そういえば、多くの先住民はこのフォームで出産する……

私たちの祖先もかつてそうであったのだろう。

「霊性の上でも頂点であるべき我々人間は、最も高い霊性の中で誕生するのが摂理である」

たしかにそうだ。物理環境だけではない視点が命には必要なはずだ……

しかしその出産と同じエネルギーがここには生じている。ここには、もっと大きな何かの誕生が生じているのかもしれない……

太陽の宿り

女性たちは大地と一歩一歩交流するかのように体を上下させながら、ＨＩＫＩの周りをゆっくりと回り始めた。

「ハスッ、ハスッ、ハスッ」と、独特の呼吸法のような発声を交互に繰り返す。発声というよりも、「ハ」と強く吐いた息を「スッ」と小さく終結させ、出産の時の呼吸のようにも感じられる。まるで集団で出産を迎えるような、非日常の雰囲気に包まれる。

その声は、周囲に響き渡り、異常と思われるほどの張りつめた空気を周囲にもたらした。

次に声は「ハンエー」と長く伸ばされる発声の繰り返しに変わった。それを遠方から見守る男たちは、それに合わせるように「ハール、エッ」と聞こえる独特の発声を繰り返す。最後の「エッ」という声が周囲の空間に響き渡り、浄化されるかのようだ。出産がうまくゆくことを促す祈りのようでもあり、女性との交感のようにも思われた。その素朴な声の繰り返しは、すさまじいと形容したくなるほどのものがあった。

それが極限に達せられ、輪の全体が一つの細胞のようになったかに思われた時、声は消え、あたりは一挙に静まった。静寂が続く。なんとも言えない一体感が漂う。

明らかに何かが変化している……

何かが成立したかのような空間に、誰からともなくすべてを包み込むような歌が響いてくる。言葉は日本語の祖語であるに違いないが、まるで南国のどこかの未開社会の人々の神秘の言語のように聞こえる。人々の姿や歌や周囲の雰囲気のすべてが、彼女たちを異界の神々のように感じさせる。私はまったく異界の世界に入り込んでしまったのだと思われた。

女性たちは歌に合わせて体を左右にしならせる。現代の私たちにありがちなゆらし方とはまったく違い、やわらかい体の動きが愛情そのものに見える。神秘に包まれたフィールドが、不思議なほど深い一体感へと私を引き込む。その一体感が私の中のすべてを洗い流し、なんとも言えない至福に引き込まれた。私自身が新しく生まれ変わったかのようだ。

神秘の歌声と共に、円の全体がゆっくりと回転してゆく。まるで皆で新しい命に、息吹きを注ぎ込んでいるかのようだ。ああ、なんというけがれなさだろう。神が与えたままの美しさを私は今、見ている。この人たちの血が、私の中にも流れていることが奇跡に感じられる。

歌はしばらく続き、終わりを迎えた。

集落はしんと静まり、先ほどの歌と息づかいが静寂な空間にこだましているかのようだ。命が宿った空間の気配がより一層明らかになる。彼女たちはそれがわかっているように明るくなった静寂な空間とその中央のＨＩＫＩを見つめる。ここには何かがたしかに宿されている。彼

女たちはそれを意識している。否定の余地はなかった。
空には雲さえもなくなり、太陽のみが昇らんとする空となっていた。
この間、私は時間が止まったような感覚の中にあった。わずかな瞬間の中に無限の時が流れているかのように感じられる。

そんな時間の感覚を超えた中、広大な東の地平線から太陽がついに姿を現し始めた。
私はその光に驚いた。
彼方にまで光を伸ばしてくるその光の力が、神としか感じられないのだ。
これが彼らの見ている太陽なのだろう……
私は生まれて初めて本当の太陽を見た気がする。
その光が集落に降臨し始める。

東に位置する門のような2本の柱の影が、寸分の狂いもなく、集落中央のＨＩＫＩを中央に挟むようにして現れてゆく。まるでそれは、鳥居から神社であるＨＩＫＩに向かう参道のように見え、まさにＨＩなる存在が『降臨する』という形容そのものの光景となった。出現した至高なるＨＩが、ＨＩＫＩにその霊性のすべてを燦然《さんぜん》と注入している……壮大なドラマでも見るかのようだ。

太陽の光に照らされる女性たちの全身があまりにも美しい。

全身で光を吸収しているかのような女性たちの姿を見ているうちに、人間の魂というものは、光によって芽生え、育まれたに違いないという実感のようなものに、私は包まれた。毎日、太陽は昇っているはずなのに、私は生まれて初めて、太陽という神秘を直視した。

これは、もはや私が理解していた光ではない。光という、愛に直面しているのだ。

頬に当たる光のぬくもりも、小さな頃に母の胸で感じた絶対的なぬくもりに感じられる。人が求め続けるその求めの本源に私は今接している気がする。

ここにいると、カウンセリングやヒーリングといったものさえ、不自然に感じられる。他の古代社会には必ず存在する権威シャーマンや、そこから生まれる階級が縄文に存在しない理由が自ずとわかる。この究極の力に抱かれる彼らには、それらは必要なかったのだ！

これは、ストレスをなくしたり心の傷を癒したりする消極的な癒しとは違う。

これは、スポーツ選手がゾーンと呼ぶ、何もかもがうまくゆく領域に近いかもしれない。そこに入ると、すべてが輝いて見えたり、見えるはずのないボールのルートが見えたり、決まって至福に満たされて奇跡的な力が発揮されるとスポーツ選手たちは語る。この空間は、そのゾーンなるものが、個人ではなく全体に発生している状態にたとえられそうな気がする。

ここに生じている調和は、単に争いがないという意味での調和ではない。すべてがあるべきように流れ、かみ合うべきようにかみ合っている。エネルギーレベルで完璧な調和が発生している。人と人との調和はその結果の一つにすぎない。この集落のこの空間は、あるべきに構築されたエネルギーなのだ。その成立を私は今目のあたりにしているのだ。

目に見えない彼女たちの集団の力がそれを成立させているように思われる。彼女たちはそのスイッチがどこにあるかを知っているに違いない。彼女たちの体には水平方向にはてしなく広がるようなエネルギーが感じられる。そのエネルギーは、彼女たちにうらやましいほどに感じられる意識の解放とも関係している気がしてならない。

太陽の光が集落の中心に宿されてゆくのを、彼女たちは先ほどの姿のまま、身動きもせずに無言で見守っている。それを見守る男性たちや子供たちも、太陽にひざまずいている。

彼らは、日々このような奇跡の現実にいるのだろう。

大自然と共にある出産

迫るような神聖さの中で、太陽はついにその全貌を現した。

その瞬間、もう一つの奇跡が起きた。

驚いたことに、このタイミングで赤子の声があたり一面に響き渡ったのだ。

この村の女性たちの体は自然界と同じリズムであるからだろうか。新しい太陽の誕生と共に、集落は、新しい命を授かった。天地と和合し、大地と一つとなって生きる人々のすごさを見せ付けられた思いがする。

この現象がＨＩなるものの宿りの成功を意味しているという暗黙の了解があるかのように、集落を取り巻く女性たちの沈黙は破られ、全員が手拍子と活気ある発声をしながらの歌となり、踊りとなった。集落空間全体が、生命力に満ちた赤子を祝うかのように活気付く。

女性のみによる儀式は終了したようで、男たちも立ち上がって加わる。全員で集落を包むように周回しながら舞い続ける。男性たちの踊りは、激しさがあり、強い気を感じさせ、女性たちと呼応する呼吸を感じさせる。

祭りは終わり、女性たちは小屋にかけよる。新生児のまわりも、集落も、すべてに光を感じる。太陽系規模のドラマのような奇跡の中で誕生したこの子にも、太陽と同じほどの奇跡を感じずにはいられない。たちこめる土の匂いが不思議なほどに懐かしい。新生児を喜びで見つめる誰を見ても、その視線の素朴な愛深さに心打たれる。

ここでは、太陽の営みと人間の心の営みが一つだ。私たちは、太陽の恩恵がなければここに存在することはできない。命の誕生自体が、この巨大な太陽系の営みによってもたらされているという純然たる事実。この事実に直面することなく生きている私たち現代人は、宇宙という母胎から切り離されているのであることに気付かされる。

現代人は、自ら作り上げた虚構の現実にいる。現代人がもつ欲望は、その虚《むな》しさゆえかもしれない。その欲望なるものに支配され続けている現代人の姿が虚しく思われてくる。私たちのはるかなるこの先輩たちは、真の現実に生きている。これ以上美しい理想郷は存在しないだろう。理想郷とは、作り上げようとする中から生まれるものではなく、実在を実在のままに受け入れる中から生まれるのであることを、彼女たちの姿は語っている。彼女たちは、虚構ではなく、実在の中に生きているのだ。

彼らはこの真の太陽と同じほどに大きな自由を感じているに違いない。

すべては途方もないスケールの腕の中なのだ。その懐に私も今、包まれている。

私は、縄文縄跡の発掘調査に長年携わった研究者たちが語る一つの見解を思い出した。

それは、ストーンサークルをぐるりと囲む円周上の大地は、他の場所と比べ硬くなっているということについての見解である。縄文時代には大地を固める機械はないから、人々が通常歩くのとは違う負荷のかかる動作を集団で行った以外に考えられず、集団での踊りが何度も繰り返されていたのではないかと考えられるという見解である。ストーンサークルの時代は、これよりも後の時代であるが、このような儀式は後の時代まで引き継がれていたのだろう。

彼らのこの世界は、遺跡の発掘による物証だけではまったく見えてこない世界だ。幼稚な段階の道具しかないから、文化も幼稚であると現代人は考える。人間の意識には、対象に自己を投影してしまう性質がある。あの人がこうしたのはこういう心理からだろうと推測するような時、無意識に自身をそこに置き換えて考える。これは、歴史においても当てはまるのだろう。私たち現代人こそ、彼らに学ばなければならない現実に、私は今直面しているのだ。

「きのうの日の入りには、我々はこの場所で一年のＨＩに対する感謝の儀式を行っている」

感謝……

私は、夢の中での宇宙的意識を思い出した。

夢の中の宇宙空間で、太陽としての私は、愛とも感謝ともつかぬ感覚で、包まれているのと同時に、すべてを包む実感の中にあった。

彼らの感謝はあの宇宙的意識に近い気がする。

そう思いながらＨＩＫＩを見ていると、私ははたと気付いた。

ＨＩを宿したＨＩＫＩの気配が、何倍にも増している。まさに太陽だ。

まだ葉は出ていないのに、すでに新しい生命力を漲《みなぎ》らせている。見えざる新たな光を、集落の隅々にまで行き渡らせているのが実感でわかる。

ＨＩＫＩだけではない。女性たちにも、見えざる光を感じる。

私自身も、世界がまったく別世界に見える……

儀式によって、明らかに何かが変化している。

この変化は何なのだろう。私は若い頃に少数民族の人々の輪の中での一体感を何度か体験している。それは思考によって生ずる感動とはまったく違い、明らかに存在や空間に直接に誘導されての一体感であった。鉄を磁石でこすると磁石となるように、空間という磁石によって自身が磁化されたような体験だった。彼らには、体の軸に霊的エネルギーが宿るという認識があった。

そう思った時、ふと、住居の中の土偶が気になった。

その土偶の中心にしっかりと刻まれた中心線が目に飛び込んできたのである。

その中心線には、まるで輝くように見える染色が施されていた。

彼らの土偶は、土器同様、全体が朱の色で染色されているのだが、その濃淡によって、中心線が光を発しているように染色されていたのだ。

私は、その印象に衝撃を受けた。まるで太陽のような光の人体だ。

集落におけるＨＩＫＩと同様の認識を、私はそこに直観した。

彼らは人間そのものをそのように認識しているはずだ。

縄文土偶に描かれる不思議な中心線

彼らは明らかに人体のエネルギーをとらえている。強い確信が私の中を走った。
(縄文土偶の多くに描かれているこのラインは、学術的には何であるのか謎であることを後で知った。衣服の文様にしては不自然すぎるし、背中側に引かれたものも少なくない。また、朱の色の染色が残る土偶も実際に発掘されることを知った)
私たち現代人は、彼らの信仰というものを、何かの迷信を信じることという観点で見ている。だが、彼らは信じているのではない。彼らは「知っている」のだ！

私はその衝撃の中で、さらなる符号に気付いた。

この中心線のラインは性エネルギーライン（性エネルギーの詳細については『タオの暗号』［ヒカルランド］などを参照）と一致しており、彼らは、実際にそれを認識している。人体同様、彼らは住居の中心に宿る霊性を認識しているが、住居の中心に置かれている木の柱は、明らかに男性器状の立石と同じ意味を持つ。

（この後、性エネルギーとの関係について知らされたが、本書のテーマではないのでここでは省略）

「……土偶に刻まれるこのラインを我々は『ＲＡ』あるいは『ＨＡＳＩＲＡ』と呼ぶ」

彼のＲＡなる発音はＲＵＡに近く聞こえ、光が射すような印象を受けた。彼の言葉から私はあることを直感したが、これもまたの機会にふれることにしよう。

「土偶は、様々な目的で作られたが、『ＲＡ』の刻まれた土偶は、土偶が作られ始めた原点とも言える土偶を引き継いだものであり、祭祀のための土偶であった。

我々は土偶の完成時には、そこにＨＩを宿す儀式を必ず行う。

その宿りの中心がこのＲＡなのだ」

目の前の朱に輝く土偶を見ているうちに、なぜかダルマが連想されてきた。

そうだ。ダルマも土偶に似て全身が赤だ。

ダルマは、日本に昔からあった様々な風習と達磨大師への信仰が結び付いて生まれた日本独特の信仰だ。そこにはそれ以前の信仰が混在しているはずだ。赤色は偶然だろうかと思った時、ダルマには、火打ち石でダルマに火を入れるしきたりがあることを思い出した。彼の「ＨＩを宿す儀式」という言葉が重なった。

「その通りだ。

ＨＩの入れ方は異なるが、ＨＩＴＯを象った象徴物にＨＩを入れるという発想の由来は、我々の時代まで遡るのだ。

ＨＩＴＯという言葉に、その歴史は記録されている」

どういう意味だろう……

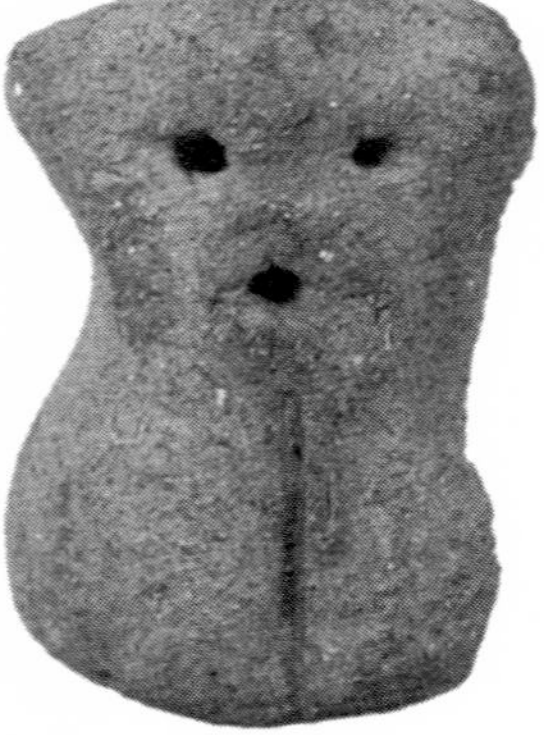

素朴な土偶（こんな小さな土偶にもフォースセンターが）

そう思いながらも、私はさらに偶然とは思えない繋がりに気付いた。

それは、先にもふれた、神なる柱だ。

日本人は古来、神を一柱、二柱と言い表してきた。

長老が目の前に出現した際の柱のようなエネルギーと、目の前の土偶の中心線が重なり、強い確信が私の中を走った。

古代日本人にとって、カミとは祖先神、つまり、実在した人間を意味している。

その祖先神を軸として認知するのは、生きている人間そのものにそれを認知していたからに違いない。

しかも、この中心線を、彼らはＨＡＳＩＲＡと呼ぶ……

「あなたの直感通りだ。

古代日本の柱なる神認識は、我々の人間観に由来している。柱という言葉を、あなた方は建築物の素材として理解しているが、それは後に生じた二次的意味だ。ＨＡＳＩＲＡとは、本来、あなた方にわかりやすく伝えるとすれば、それは、『中心なる力《フォースセンター》』を意味する言葉なのだ」

フォースセンター？

「ＨＡＳＩＲＡなる言葉には、そのすべてが記録されているが、それについては、一年後にあなたに伝えられることになっている」

一年後？

あまりにも次々に様々なことを知らされたため、私の頭は混乱していたのか、この時にはまだ私は心のどこかでこの体験を疑っていた。自身の無意識が拾い上げ、作り上げたビジョンを見ているにすぎないのではないかという思いが私の中にはあった。と同時に、彼はその疑いさえも消し去るほどの真実をこれから提供しようとしているという、理由なき直感も私の中にあることがわかっていた。

第4章

超時空への扉

注連縄の秘密

そういえば、ストーンサークルの立石も柱のような形状だ。

ストーンサークルは、細長い立石を地中に深く埋めてあり、その地表面に遠心状に組み石が施されている。

そうだ、ストーンサークルの全体構図は、この集落の構図と瓜二つだ。

住居もそうだ。中心にはやはり立石がある。彼らの世界にはすべてに『中心なる力《センターフォース》』があるのか。

これはコマに働く見えざる力の構図とも似ている気がする。コマは、水平面に強い遠心力が働くことで軸が成立する。ストーンサークルの形こそ、彼らが見ているエネルギーの形かもしれない……

ストーンサークル

御神木と注連縄

「その通りだ。我々の儀式は、この空間力を形成するためのものだ」

やはりそうだったのか。

この奥に、彼らは何らかの秘密を握っているに違いない。

集落では、立石の位置に大地と深く繋がるＨＩＫＩが立っているが、彼女たちはこのＨＩＫＩと見えざる力で引き合っているかのような印象を受けた。あの見えざる力に何か秘密がありそうな気がする……

そういえば、このストーンサークルや集落の構図は、現代の御神木と注連縄《しめなわ》の構図的関係とも似ている。

そうだ、私が思い出せずにいたのは、注連縄だ！

ＨＡＲＩに似た何かとは、注連縄だ。御神木に張られた注連縄は、御神木に直接であるが、ＨＩＫＩを取り巻くＨＡＲＩと構図的にはそっくりだ。


「あなた方は、この空間原理を形の上では引き継いでいるのだ。

我々は、これを、あなたが見た通り、春の初めに形成する。

あなた方が注連縄を新年に新たにするのは、この継承だ。

あなた方は注連縄の起源について様々な神話的解釈をしている。

だが、互いに矛盾し合うそれらの意味は、そのいずれもが、ＨＡＲＩの意味が失われたずっと後世に後付けで生まれたものだ。その多くは我々の子孫と同化した渡来の人々の神話的意味付けによるものだ。畳はあなたの国特有のものであるが、畳の起源は我々の時代にまで遡《さかのぼ》る。

我々にとって植物の葉を編むことには、特別な意味があるのだ。我々は神話的解釈を非難するつもりはないが、原点を知らなければあなた方は一つにはなれない。これに限らず、現在のあなた方の神社神道と我々との間には深い断絶がある。これがあなた方が一つになれない理由の一つだ。これについては時が来たら伝えよう」

たしかに客観的に見れば、現在の神社で祀られている神々の多くは縄文由来の神々ではない。


「なぜ我々がこれを用いるのかの真実を伝えよう。

我々は決してこれを神話的意味合いで用いるのではない。

我々は自然界の力と直接に交流する。

『HARI』とは、宇宙の本質力がもたらす『絶対的な力の場《フォース》』なのだ」


フォース……

彼は、フォースという言葉を、HARIという言葉に重ねるようにして私に伝えてきた。現代の私たちの言葉に重ね合わせることで、理解をサポートしようとしているのだろう。そういえば、あの夢の中の存在もこの言葉を伝えていた。

分子の内部に働く見えざる力などにも用いるこの言葉のイメージによって、HARIとは何かが私の中でより鮮明になった。


「万物には、HARI《フォース》の形成力が、潜在的に備っている。

植物には、とくに強くその力が秘む。

あらゆる植物は微細な固有のＨＡＲＩ《フォース》空間を形成している。それは、他民族においても精霊の働きとして認知されたりしたその力でもある。あなた方も、植物や物体を適切な位置に適切に配置させると空間に変化が生ずるのがわかるはずだ」

たしかにその通りだ。

詳しくは後述するが、私にはそのようなことがわかるようになった過去がある。

「我々は、その力を最大限に引き出す方法を知っている。

我々にとって、そのための行為の一つが編むという行為だ。一定方式のスパイラルによるＨＡＲＩ《フォース》空間の再結集と人体ＨＡＲＩ《フォース》との共鳴が、空間を変容させる新たな力を強く引き出すことを我々は知っている」

彼らが作ったＨＡＲＩには、たしかにそうした力が感じられる……

「我々のＨＩＴＯＫＡＴＡ自体が、これと同じく、体内の気にスピンを加えること、すなわち、エネルギー次元の編み型《スパイラル》を形成させる行為なのだ」

出雲大社の注連縄

彼女たちの体づかいと自身のこれまでの体験から、実はスパイラルな気の流れを私は彼女たちの体に直感していた。やはりそうだったのだ……

「すべての子宮空間はこの原理で成立している。HARI《フォース》は、一つ一つの細胞にも、あなた方が生命とは見なさない存在の最小単位にも形成されている。

だがその中でも、人体によるHARI《フォース》は、究極の力をもつのだ」

最初に彼らの体に磁力のようなものを感じた理由を私は納得した。

「編むことは、それ自体が我々には神聖行為なのだ。我々にとって、我々の祖先と同一の営みをするこの行為はまた、祖先の魂と我々とを一つに編む。古代に機織が重要儀式の神聖行為であったのもそのためだ。ここには、あなた方にはまだ認知できていない世界がある」

そういえば、日本では古来、祭祀は親から子へと各家庭で受け継がれてきたが、それは各家で心を込めて植物の葉（現在では藁《わら》）を編むところからスタートする。

私は、祖母の作った注連縄を思い出した。自身のものと比べ、比較にならないほどの何かを私は感じていた。私たちにもこの力は潜在しているのかもしれない。

「我々のＨＡＲＩは、後の時代に形式化し、全体を囲む雛型として住居入口に用いられるようになった。神社の注連縄も、本来は同じ象徴だが、あなた方はその意味を失ったため、別な意味をあてられた歴史がある。

我々の文化の全体を支えるこの原理は、型によって、そして何よりもその本質ではＨＩＴＯＫＡＴＡによって子孫へと伝えられてきた。それによってしか正しく伝えることができないことを我々は知っている。

ＨＩＴＯＫＡＴＡは、今のあなた方にはほとんど受け継がれていないが、あなたがすでに体験しているように、最も古い時代の宗教舞踏には潜在的にその伝統が受け継がれているものがある」

私は彼が自身の過去を見抜いていることに驚いた。

縄文土偶と十字シンボル

「ＲＡなる中心の力に対し、ＨＡＲＩ《フォース》とは、その発動に不可欠な、母なる空間力だ」

ＨＡＲＩが母なる空間力……

そういえば儀式の時、女性たちの輪全体に、中央のＨＩＫＩと強く結び合っているような印象が感じられた。十円玉には軸はないが、回転させると強い中心（軸）が生ずる。これは、遠心力と求心力が働くからであるが、その裏には宇宙の根本原理である空間スピン（詳細は『ガイアの法則』）が潜む。

この力が母性であるとしたら、軸は父であろう。だとすると、男性が大黒柱にたとえられてきた理由や、大黒柱に男根を付ける風習、さらには縄文の住居中央に立石が置かれる理由が理解できる。

「現在、世界的に知られる十字シンボルの大元は、この原理を表すために生まれた。元来、縦軸はＨＡＳＩＲＡ《フォースセンター》であり、横軸はＨＡＲＩ《フォースフィールド》を意味した。その大元である立体十字の認知は３万年前の我々の祖先の時代にはすでに存在していた」


３万年前？

そんな太古にこんな高度な世界観が本当にあったのだろうか。

私はまたも信じられなくなった。

そう思いながらも、私はさらなる土偶の秘密を直感した。

縄文の土偶には先ほどふれた垂直軸のラインがあるが、同時に胸の中心から両サイドへの強い張り（エネルギー）が感じられる造形が多く、この造形は偶然ではないのではないかと、感じたことがあった。

いや、それだけではない。

実際の縄文遺跡からは十字形土偶そのものが多数発掘されている。

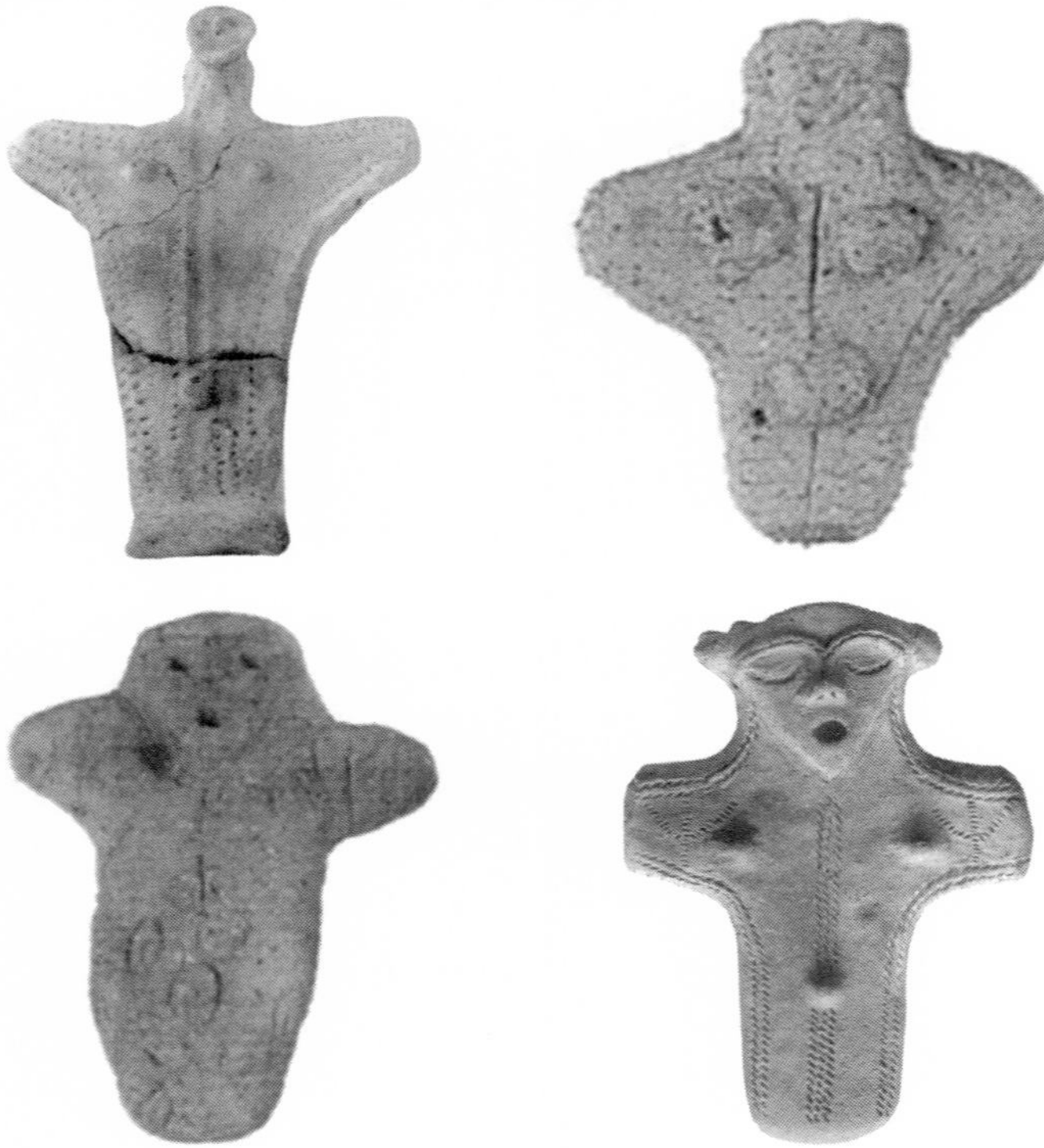

様々な十字土偶

エジプトのアンク十字

土偶のエネルギーライン

私たち現代人は美術的観点から装飾華美な土偶ばかりを展示しようとするが、見逃してしまいそうにありふれた土偶にこそ彼らの普遍的世界観が刻まれているのかもしれない……

そういえば、西洋にも、十字シンボルは人間が左右に両腕を広げた形からきているという伝承がある。まさに縄文土偶の型だ。

「自然界と深く交流した我々の祖先は、土偶を作るようになるはるか以前から小宇宙体としての人体の統一的フォースを認知していた。我々の土偶は様々な目的で作られたが、中心的目的である儀式に用いる土偶には、それが象られている。

あなたに限らず、人体空間の小宇宙性を認知している人間には、我々の土偶のそれがわかるはずだ」

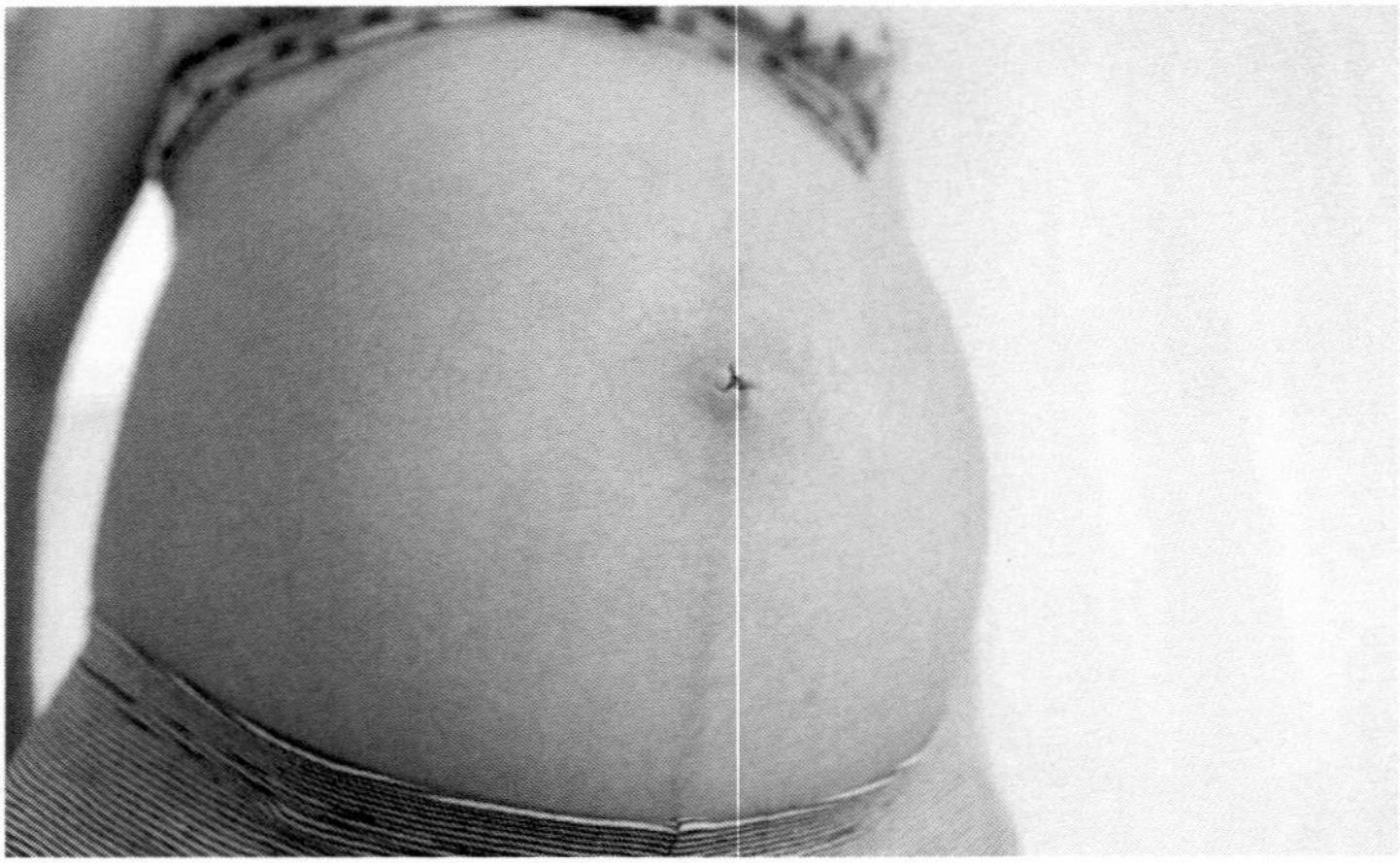

正中線写真

やはり、そうだったのか。

「我々が雛型重視《シンボリック》であるのは、この宇宙が雛型的普遍性をもつからだ。

たとえば、あなたは人体の正中線をご存知ないだろうが、我々はこれを中心なる力の象徴として尊んできた」


私は後に調べてみたところ、人間には誰にも、胎児期の過程で正中線（人体の中心に刻まれたライン＝実際に中心軸ラインに沿って形成される）が人体の全体に潜在的に刻まれていることを知った。たとえば性器などにはそのまま表れているが、腹部の場合、妊娠などで腹部が張る（拡張する）とそのラインが表れるのである。

表れなくても、私たちにはこの見えざるラインが刻まれているのだ。人体がいかにシンボリックにできているかに驚かされるが、彼らのその認知にも驚かされる。

「我々は正中線を身体の中心力そのものと認識したわけではないが、我々にとって、正確なエネルギーラインに印を刻むこのラインは神なる印として尊ばれた。

我々のこの認知の一部は、あなた方の想像をはるかに上回る年代から大陸への移住民によって大陸の一部にもたらされた。それが、西進するにつれ、平面的十字概念あるいは円形概念として各所に定着し、エジプトなどの古代宗教や、後の神秘主義概念の基礎となった」


耳を疑いたくなる彼の言葉に私は驚いた。

神秘主義とは、知識や分析によらない人間とは何かの把握を基本にした古代からの隠された学派であるが、そのルーツはシュメールにあると私は思っていた。

まさかそれさえもこの日本列島にルーツがあったとは……

「我々のこの認知や土器、その他の大陸伝播は、1万年以上前の我々の仲間の大陸移住と共にもたらされた」

私は、コマのような力を感じる集落の全体をあらためて見た。

ふと気付くと、集落の女の子たちの数人が、植物で編んだ小さなポシェットを肩にかけていて、時代を超えた錯覚に陥ったが、ポシェットの中には、ドングリが入っていて、まるでペットのようにかわいがっている。

「我々の子供たちにとって、神聖なる木々のＭＩは、一番の遊び相手だ。ことに我々の子供たちはこれを回す遊びをして育つ。

この自ら動き回る現象に統一力《フォース》を直感する体験は、我々の祖先にこの偉大な叡智を授けたが、子供たちも見えざる命の成立をこの遊びから直感して育つのだ。

我々はすべてをＨＩＫＩへの畏敬心により学んだのだ」

完全なる自由と愛

「存在のすべてはＨＡＲＩ《フォース》によって生まれる。

人間ももちろん、この原理で成立する。体も心もだ。

あなた方は、人間の力を真に知ったならば、その信じ難い力に驚くだろう。

あなた方は、自由な人生を求めている。

だが、求めているということは、得られていないということだ。

人間には本来、あなた方には想像もできないであろう絶対的な力がある。

それは、絶対的自由と調和を同時に実現する力であり、その力は空間と共にある力なのだ」


私は最初の集落の人々を見た瞬間に感じたあの輝くような自由の気配を思い出した。

しかし、私たちにとって、自由とは精神的なものであり、不確かなものだ。

それに、自由と自由がぶつかり合って調和を崩しているのが私たちの現実だ。自由と調和は、私たちにとっては同時成立は不可能な対象だ。

彼らは私たちの知らない存在と精神を超えた何かを認知しているのかもしれない。


「あなた方の世界では、愛は時に相手や自身を束縛し、自由に生きたいと求める心は、人との愛の関係を失わせる。自身の求めと周囲との関係性が矛盾し合っている。

あなた方はそれを心の問題だと思っているが、我々の目には心もまた結果なのだ。

その矛盾の本質は心にあるのではない。

それこそが非子宮空間による枷《かせ》なのだ」


非子宮空間?

あまりに異なる視点に驚いた。


「HARI空間《フォース》が形成されない限り、存在は相対力に縛られる。心もまた相対力に縛られるのだ。

あなた方を翻弄させているその相対性は超えられる。我々はそれを知っている。

あなた方が漠然と直感する愛や自由といったはてしない世界は、その対極に見えるルートによって実現する。我々が畏敬しているのはその成立原理だ」


彼の言う意味は我々とはあまりに違いすぎてまだ充分にはわからないが、その視点に衝撃を受けた。私は今わかる範囲で人間について考えた。

私たち現代人は、何かを外に求めてばかりいることが、彼らと比べるとよくわかる。

愛を求めることで大変な不幸へ至ったと思いあたる人だけでも多数思い浮かぶ。社会的ポジションや社会的権威獲得のために大切なものを失う男性も、本質には同じ心理がある。アルコール依存症、セックス依存症、ネット依存症、ギャンブル依存症、情報依存症など、様々な依存症に振り回される人々も、外部の何かへの依存に流されている。

私は今まで、どうして現代人はこんなにも病んでしまうのかと考えてきた。また、それを乗り越える現代的な方法論にも、疑問をもち続けてきた。外に求め続ける心理の本質は愛の要求にあると気付き、愛を求めるのではなく与えようとすることで現状が一時的に改善されることもある。だが、そこにおいても、ことさら愛を実行しようとすることで、無意識の感情が抑圧され、押し込まれた感情が強烈な病的攻撃心理をもたらしている人々も私は多数見てきた。いったいどこに本質的解決策があるのだろうか……

この集落にはそのような人為的な愛は微塵《みじん》も存在しない。

彼らは、未知の何かを知っている。彼らの間には、私たちの社会のような社交辞令は見られない。人に愛想を使うような言動もなく、人と人が一緒にいても、ほとんど無言で時を共有しているか、言葉を発しても一音、二音で深い交流を成立させる。この無駄に人との関係を求めないあり方も、彼らの中に愛の個人的依存が存在しないからに違いない。そしてそれゆえに複雑に絡み合う人間関係などあり得ないのだろう。

彼らは人間のもつ天来の調和の中に生きているように思われる。

そう思いながらも私はふと考えた。私は今、この時代に来ているが、彼のスピリットは、単にこの時代の存在なのではなく、現在にまで存続している広大なスピリットに思われる……

「相対性を超えた魂はＨＩＫＩのように時を重ねるのだ」

私は彼に神を感じる理由を納得した。

「人間は本来、子宮なる外宇宙と一体だ。
人間の心の求めは外の世界と最初から連動している。内宇宙は、外宇宙と一つなのだ。
だが、内宇宙が小宇宙として成立しない場合、この一体性は成立しない」

小宇宙……私はこの集落が心の構造そのものであろうことを思い出した。

「あなたにお見せしたこの儀式の中には、小宇宙形成のすべての秘密がある。
小宇宙の成立とは、絶対原理の成立なのだ。
そこに至る時、存在は、個であると共に個を超えるのだ」

絶対原理……

私にはその意味は充分にはわからないが、彼女たちには、個というものを超えた何かがたしかに感じられる……

「我々のこの社会は、人間の理性的な力によるものではないのだ」

理性的な力によるものではない？

理性を超えた力と言うと、現代人が思い浮かべやすいのは、直感力や思念力だが、彼らの力は、それらとも違う気がする。

「その通りだ。

人間の思念力は、現象に影響を与えるが、それはＨＡＲＩ《フォース》ではない。個の力だ。

我々はこのどちらでもない人間の力を知っている。

思念力は本来、中心なる目と共に働くべきものだ。強い個人的欲求のあるあなた方は、それに基く思念力がその相対力に伴う歪《ひず》みをもたらしている事実に気付いていない。

絶対領域に至らない心には、恐怖心や、不安感が潜み、強い思念力の酷使は、その裏に潜在していそれらをも現実化させている。

この次元自体を超えない限り、自由世界には至れないことを、あなた方は知る必要がある」

彼の短い言葉に、私は、はっとした。やはり彼らは、私たちの知らない、あるいは私たちが失ってしまったのかもしれない人間という存在の真実を知っているに違いない。しかもそれは、私たちに最も必要な真実である気がする。

自身をなんとかしようと、目新しい自己啓発に手を出し、一時的結果に狂喜しながらも、ますます本人を人間として不自然にさせ、手術を重ねた体のような心になってしまっている現代人からの相談を、私は、これまで多数受けてきた。現代的な心のアプローチは、西洋医学の手術に似ていると、そのたびに感じてきた。

手術や薬がどこかにアンバランスを生じさせ、次の薬や手術を必要するように、私たち現代人は、体も心も同じ次元でしかとらえられていないという現実に、ここにいると直面させられる。

「人間は本来、必要な物事の成就に強い思念力を必要としない。

自然界の変動など、我々は時に必要な未来の出来事を感知することがある。しかしこれも、感知しようとして感知するのではない。自ずと必要な場面では感知されるのだ」

私は、すべてが絶妙に進行する儀式の時の天候の変化や、出産の絶妙なるタイミングを思い出した。特に念ずるのでもなく、物事や天候が絶妙なタイミングで起こるのは、その力ゆえなのだろう。

相対ゾーンから絶対ゾーンへ

私たちは何千年もの間、平和や調和を求めながらも実現できないでいる。これは、私たちの方法論ではその実現が不可能であるということではないだろうか。彼らのこの未知の原理は、彼らのこの絶対的な調和社会と関係している気がしてならない。

しかし、彼らは、鋭敏な感覚ゆえにその原理を把握しているのだろう。

そうではない私たち現代人が、これを把握することなどできるのだろうか……

「その基礎となる統一空間の感知はあなた方にも可能だ。人間には本来、その感覚が備わっている。それをより高度に高めることさえできれば、あなた方も自身の何をどうしたらよいのか、どこにそのスイッチがあるのか、自身でその方法を探り出すことができる。人体は、それ自体がすべてを知っているからだ」

私は驚いた。彼の語ったことは、まさに私が過去に行ってきたことと思われたからだ。おそらくそれに気付かせるために彼は語ったのだろう。

潔癖症という言葉があるが、私は、思春期の頃、空間に対してそのような感覚が生じ、部屋の空間をどうやったら最適な状態にすることができるのかを模索するようになった。

それは、意識を見えない次元に向け、整える気持ちよさを知ったことがきっかけだった。部屋など片付けたことのない私が、どうしても片付けずにはいられなくなった。自身の体のエネルギーが空間の次元を決定付けていることがわかるようになり、体も整えないではいられなくなった。呼吸、体軸、気の流れ、視線（単に物を見るという意味での視線ではない）などの何をどうしたらどう変化するのか、それを毎日追究するようになった。

すべてはより深い幸福次元を求めて行っていたのだが、結果として空間を把握するコツをつかむこととなった。それは後に、様々な能力を開き、出会うべき人やビジョンと出会い、出会うべき人生を開く基礎力ともなった。自分でも不思議なほど、奇跡的な人物や事象との出会いが生ずるようになり、それがさらに自分を開き、人生を開いていったのだ。しかし、そうして発見したと思っていた人体や存在の法則が、彼らの原理を理解する土台にもなっていることに驚かされる……

私はあの頃、知らずのうちに彼らの世界に近づいていたのかもしれない。もしもこのような体験を私がしていなかったとしたら、彼らのこの世界に何も感じられなかっただろうし、彼らの言葉も理解できなかっただろう。

「この集落空間が完全な空間体であることは、あなたには感覚でわかるはずだ。この子宮空間は、生命空間と同じく、自立する統一空間であることがわかるだろう。万物は空間の自立的統一力によって成立する。

人間もそうだ。

人間は、自立存在となることによってのみ、真に自由となり、宇宙と和するのだ」

そうだ、コマも中心軸の成立と共に自立体となり、それゆえに固有の運動体となる。

「その通りだ。人間の自立にも、同様の原理が働いている」

そうだ、コマも他に支えてもらえば立つことができるが、それでは自由にはなれない。

自立というと、私たちは他との関係をなくすことのように考える。

だが、彼の言う自立とは、必要な関係性すべてを成就させる唯一のルートなのだろう。


「その通りだ。

あなた方は自身の思いに反する様々な現実を抱えている。関係性のしがらみだ。

あなた方が真の自立体となる時、それらのすべては、消滅する。

我々は、焦点の成立こそが、すべてを超える、相対性の超越であることを知っている」


そうだ、私も、先の思春期の体験の後に、人との深い一体感が生ずるようになったが、部分的にそれを経験していたのかもしれない……


「非統一空間では、すべてが絶対であることなどあり得ない。

一つが力を握れば、他はそうではなくなる。それゆえに奪い合いが生ずる。

だが、統一空間は違う。

あなた方も人の誕生や死によって命なるものに真に直面する時、たった一つの命を、比較できない絶対的な尊さに感じるはずだ。そこには真理への直感がある。

非統一空間にある人間には、矛盾のしがらみがのしかかる。あなた方はそれを苦痛に感じる。

だがそれは小宇宙形成への不可欠な宇宙の促しなのだ」


たしかに私たちには、乗り越えるべき問題がたくさん生ずるように見える。

だが、そうしたすべては、本質ではたった一つの目的を持っているというのだろうか。


「それを超えるための扉は『中心』にある。

胎児は臍《へそ》によって母と繋がり、母は子宮によって子に繋がる。

互いの中心に、一体となる扉がある。

これがすべてを物語る。

存在は中心を経由してのみ宇宙《AMA》へと至り、すべてと出会う。

そうでない限り、人間には『一部』であるしがらみと孤独が続く。

この世界はこの真理をいつでも語り続けている。

あなた方が『自由』という言葉で求めている世界はこれ以外からは生まれず、あなた方が、

『愛』という言葉で求めている真の世界も、これ以外からは生まれないのであることを我々は

知っている」

母なる家

彼は無言となった。

ＨＩＫＩを見ると、数人の子供たちがＨＩＫＩに登っている。大きな木であるだけに、木の上にくつろげるスペースがあり、子供たちは、大きなお母さんにスキンシップを求める小さな子のようで、ＨＩＫＩとの交流が、見ていてほほえましい。ヒムカや他の女の子たちも登っている。女の子たちも、冒険心旺盛のようだ。ＨＩＫＩという家空間に彼らは住んでいるのだと、あらためてそう感じさせられる。

ここは、すべてが愛だ。愛と言うと、人間の愛情を連想してしまうので、この実感は伝わらないと思うが、たとえばここで死に直面したとしても、おそらく恐怖心は生じないだろう。この巨大な全体が、すべてを良き方向に導いているという、ゆるぎない実感に包まれているのだ。それは、人間には未知の領域まで支配しているという、たしかな実感であり、人間が到底及ばない力と感じられるのだ。

はるかなる山々に囲まれたこの広大な円的空間にも何か秘密があるのだろうか。

そういえば、縄文の集落遺跡は、ほとんどがこのような、山々に抱かれたかのような場所にあることを学者たちは指摘している。彼らは、意図してこのような自然界の焦点を選んでいるように思われてならない。


「その通りだ。

我々は、こうした場所《HAHA》こそ、自然界の子宮なる力が形成する焦点であることを知っている。

あなた方の言葉であえて言えば、このような場所《HAHA》こそが自然界の最も気のいい場所であるが、我々は、そのような観点でこのような場を選ぶわけではない。

我々はすべてを感覚に従う。

人、集落、自然界、それらすべての一体性が子宮空間の成立には必要なのだ。

しかしこれも、理性で判断するわけではない。

自身が統一されている以上、すべては感覚でわかるのだ。

これについては後でまた伝えよう」

古代建築に受け継がれた縄文原理

「ＨＩＫＩに守られるこの集落空間は、我々の家そのものだ。我々にとって家とは、統一空間であり、この空間こそが、すべてを伝える伝達経路であり、歴史書なのだ。

それゆえ、我々の文化は、後の時代に、あなた方の住居や建築として受け継がれた。あなた方の伝統建築の言葉の中に、我々から受け継がれたものが多数あるのはそのためだ。梁《はり》もその一つだ」

梁？

梁は彼らのＨＡＲＩからきているというのだろうか……

梁なる言葉を『張り』という言葉から生まれたものと思っていたため、私の中では、結び付いていなかった。

「あなた方には太古に思われるであろう我々の言葉を、今もあなた方が用いていることを、あなたはまだ信じられないであろうが、あなた方が用いる『張り』なる言葉も、我々のＨＡＲＩから生まれた言葉なのだ。

梁が我々のＨＡＲＩの継承である一つの証を伝えよう。あなた方は、今も梁を神聖視していることにお気付きだろうか」


今も神聖視している？

どういうことだろうか……

そう思った瞬間、私の中に私の生家にあった鴨居と敷居が浮かんできた。

そうだ、梁と言えば、その代表は、鴨居と敷居だ。私たち日本人は、鴨居は祖先霊が子孫を見守る場所として尊び、敷居も神に等しいから踏んではならないと伝え続けてきた。理由はわからないが、私も家族にそう教えられて育った……


「我々の子孫は、子宮空間の形成原理を木造建築に象徴的に用いることで木造建築の基礎を築いた。梁も柱も、その名残りとしての言葉なのだ。

あなた方の科学は法隆寺の五重塔がなぜ地震で倒れないのかを充分に解明できないでいる。中心軸のある五重塔は、仏教建築ではなく、我々の原理から生まれた建築の踏襲によるものだ」

法隆寺五重塔

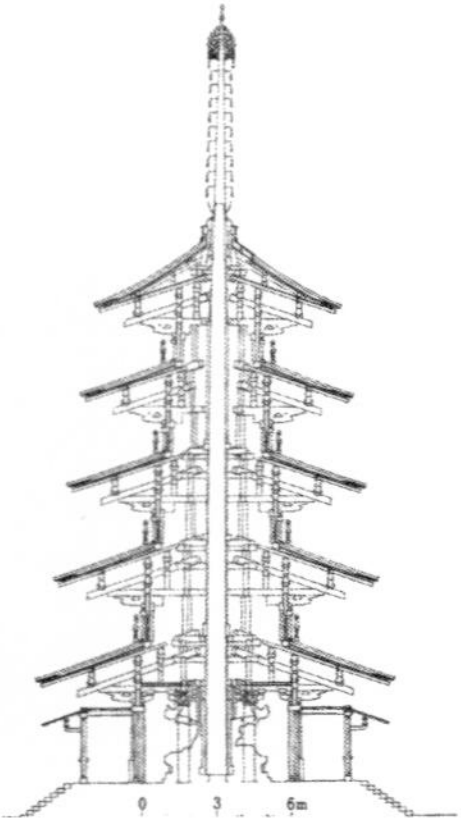

法隆寺五重塔の中心軸

そういえば、法隆寺の五重塔は現在の法律では建ててはいけない（地震で倒れる可能性のある）建築に該当してしまうという話を聞いたことがある。

「現代のあなた方の建築は、何よりも、空間的統一力を失っている。だが、同時に、あなた方は、その完全なる復活が不可欠な時代に近づいているのだ。

あなた方が調和的社会へと至るには、人間にとっての第二の空間、すなわち住まいの変革が不可欠だ」

（なお、私は住居についての視野がこの時期に広がったため、日本伝統民家と伝統文化の原理につ

統一空間住居(著者監修による)

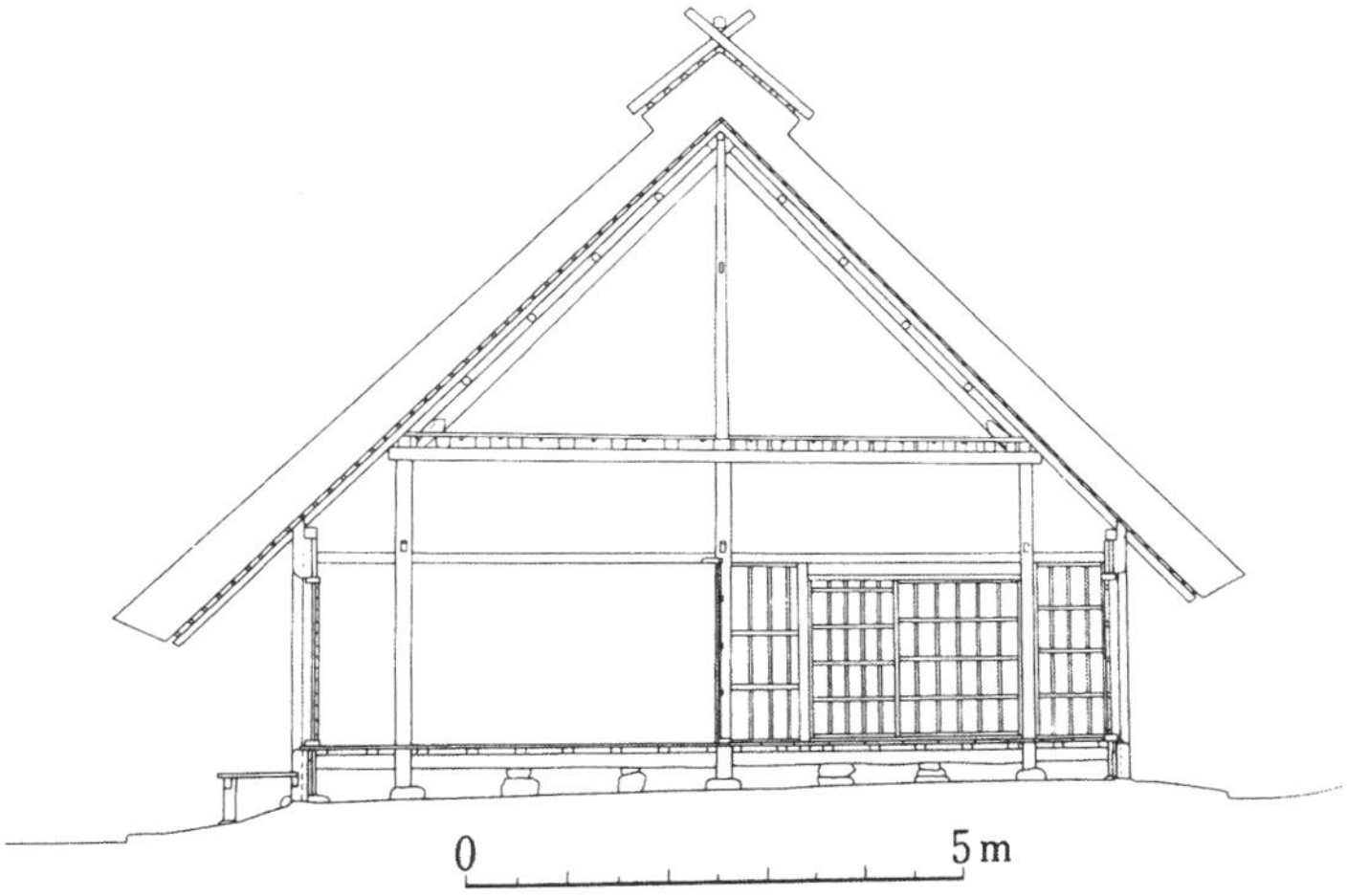

日本の伝統民家

いての、一般向け知識理解のための書物として『縄文の円心原理』［ヒカルランド］を執筆している。本書には詳述されていない家についての空間的諸要素とその影響力、日本伝統文化の統一空間に繋がる深遠な哲学性などをまとめてあるので参考にされたい）

フォース言語

「我々のあり方を支えてきた最も神聖なるもののもう一つは、言葉なるものだ。あなた方は文字こそが確実な歴史の伝達と思っている。だが、我々は文字よりも完全な伝達を知っている。それは、あなた方には未知の言葉の力だ」

私たちには未知の言葉の力？

「我々の言葉は、空間《フォース》の力をもつのだ」

言葉が空間《フォース》の力をもつ？

理解できない言葉の連続に私は戸惑った。


「我々の言語の理解は、あなた方の世界観を根底から覆すだろう。

なぜ言語が、と思うだろうが、我々の言語は、あなた方が理解している言語とは違う。

あなた方にわかりやすく言えば、我々の言語は、宇宙自体への共鳴から生まれる力なのだ。

その理解を授けたい」


宇宙自体への共鳴から生まれる力？

私には意味がわからない……言葉とは、単なる音声の記号のはずだ。それに世間で言われる言霊《ことだま》というものも、暗示によって引き起こされる以上のものを私は見たことがない。

だが、それを教えてもらうということは、縄文語を知ることができるということだ。

もしも縄文語を知ることができるのだとしたら、願ってもないことだ。


「我々の言葉は、真の意味で言霊だ。

あなたはその意味を理解する必要がある。

まずは、我々が最も重んずる、この子宮空間を表す我々の言葉を伝えよう」

子宮空間を表す言葉？

いったい、どんな言葉なのだろう。

「それを、我々はＭＡと呼ぶ」

彼のＭＡという音声の響きに私は衝撃を受けた。

聞いた瞬間、母なるものとしか言いようのない懐かしさにくるまれるものを感じたのである。

彼らが空間というものを、どう感じ、どうとらえているのかが、響きだけで伝わってきたのだ。

彼らの用いているままに発したのだろう。

まるで別次元の言語だ。

「我々にとって、ＭＡとは母なる力でもある。

この言葉は、人類が言葉を獲得する以前から人類に先天的に存在した、先天音の一つなのだ」

先天音？

いったい何を意味するのだろう……

「現代のあなた方の言葉のような、音の組み合わせによって意味を表す記号的言語が生まれる以前から、人類は音声を用いていた。これは、いわばその先天的共通語の一つだ。

人類は本来、宇宙そのものと共鳴し合う力をもっている。

先天音は、その共鳴がもたらす音なのだ。

我々縄文人は、先天音主体に言葉を用いていた。

あなた方は記号的にのみ言葉を用いるために、先天音への感覚を失っている」

空間とは何かが、私が認知できていないレベルまで、耳にしただけで伝わってきたのは、そのためだったのか……

「この世界のすべては、母なる子宮空間より生まれ出る。先天音ＭＡは、この母なる子宮空間、すなわち根源空間と共鳴し、通じ合う力をもつのだ。また、それがゆえ、我々は、子宮空間そのものを示す音としてもこれを用いる。

宇宙は、巨大な母である。どこまで行っても果てることのないこの母に、我々は包まれ続けている。あなた方には理解し難いであろうが、人間の母なる心の本源は、この母《MA》性体そのものにあるのだ」

そういえば、世界的に神秘的な言葉の多いM音に私は関心をもったことがあった。

まだ言葉をしゃべれない赤子は民族を問わずM音を発することが多い。また、ママのように、母性に関する言葉が多く、お釈迦様の母はマヤで、キリストの母もマリアであるように、女性名もM音で始まる名前が世界的に多い。これは、私たちの中に先天音の記憶が刻まれているからだろうか。

「その通りだ。
あなた方の中にはその記憶が潜むのだ。
記憶だけではない。
あなた方は今もこの先天音の名残りを用いている」

今も用いている？

石庭の空間美

そう思う私の中に、ある文字が浮かんできた。

それは、『間』という文字であった。

そうだ、私は『居間』と『今』が同一起源の言葉ではないかと思ったことがある。『居間』は大和言葉で考えると、「(自身が) 存在する空間」という意味であろうが、この空間的概念が時間的概念に転用された言葉が『今』ではないかと連想したのである。このような複数語の起源となった言葉は、非常に古い言葉が多い。

私は、縄文研究の第一人者が語っていることを思い出した。

「縄文人は、大和言葉の原型にあたるコトバを話していた。八世紀に『万葉集』という言葉の芸術が完成するが、そのような高度な言語感覚は、縄文時代から長い年月をかけて培われたものであろう」(『別冊太陽　縄文の力』小林達雄

監修　平凡社）

そういえば、日本的な間《MA》という概念には何か深遠なものが感じられる。

そうだ、日本人は古来、間《MA》というものを存在よりも優位にとらえてきた。物よりも、何もない空間を主体に物事をとらえる感性が日本人にはある。これは、世界の中でも非常に特異な性質だ。

たとえば日本人の生花は、花自体よりも空間の全体がいかに成立するかにある。古来の日本文化にこの性質が共通に潜むのは、彼らのこのあり方を見ているとうなずける気がする。

そういえばMAという言葉は『土間』『居間』『床の間』など、日本の伝統民家に最も多く用いられてきた。そうだ、大黒柱を中心にそれらが配置される構図は、HIKIを中心に子宮空間《MA》が成立する彼らの集落と構図上そっくりだ。

それに、私たちはこれらの間《MA》を、単なる物理的空間としてではなく、神聖なるものとして認識してきた。『床の間』はもちろんだが、行事のたびに塩を撒《ま》いていた『土間』も神聖存在であることを、私も経験しながら育った。

「あなた方の伝統住居には、我々の空間概念の伝統がわずかに受け継がれている。

あなた方の中には、我々の時代のHARI《フォース》認識が眠っている。あなた方のこの記憶が真に目

神聖さの宿る日本伝統住居の空間

空間が人を育むという思想

を覚ます時、時を超え、我々の意識と接点が生まれることになるだろう」

何を意味するのだろう……

「先天音の把握は、あなた方の知られざる能力を著しく開花させるだけでなく、あなた方と我々とを結ぶのだ。

現在のあなた方は、肉体なき存在と手を取り合うということを理解できないだろうが、あなたもすでにお気付きのように、我々にとってそれは、当然のあり方なのだ」

こんなにも太古の人々と繋がり合えるというのだろうか……

広大な歴史を眺めるように、私は無意識に集落をはるかに包む山の端《は》を見つめた。

この広大な景観をこの一点から見渡せるように、彼らの世界では時というものも一つに繋がっているのかもしれない……

「我々の先天音を、もう一つ伝えよう。

それは、今あなたが一瞬直感したような、広大な時空に繋がるための先天音だ」

そんな言葉があるのだろうか。

深遠なる縄文語、ＨＡ

「その言葉は、ＨＡだ」

彼のＨＡという音声は、一瞬であたり一面に広がる光のような響きであった。

「ＨＡは、存在の中心から遠方へと広がる遠心的な力と共鳴する」

彼の音声は、たしかにそれを感じさせた……

「ひいてはその働きや最も遠方をも表す。

ＨＡＲＩなる言葉も、この先天音から生まれた」

ＨＡＲＩがＨＡから生まれた？

そういえば、彼女たちが儀式で発していた言葉はこのＨＡ音から始まる言葉が多かった。

なんとなくではあるが、そのような力も聞きながら感じた。

そうだ、遺跡で感じた中央空間の力も、中心から周囲に及ぶような力にも感じられた。


「その通りだ。

この言葉の力は、あなたが遺跡で感じたその力と関係している。

あなた方はこの言葉を受け継いでいる」


いったいどの言葉だろう？

そう思いながら集落の中心から遠方に広がるかに感じられる山々の端《は》を私は先ほどから無意識に見ていた。

その時、一つの文字が浮かんできた。

それは、その見ていた対象、すなわち、山の端《は》の『端』という文字であった。

枕草子に「山の端《は》いと近うなりたるに……」とあるように、古来の『端』は一番遠い際《きわ》を表す言葉である。まさか……

「その通りだ。
それは我々のＨＡから生まれた言葉の一つだ」

私は、儀式の時に彼女たちがＨＡ音を繰り返し発しながら空間が形成されていったのを思い出しながら、私の中で、言葉というものが、単に意味を表すものから別な次元のものへと変容し始めるのを感じた。

彼らもそうだが、古代の人々は、このような遠方の景色に目を向ける時間が現代よりもはるかに長かったはずだ。そこには、単なる情感を超えた交流があったのかもしれない。

そういえば、『思いをはせる』とは、遠くに思いを至らせるという意味だ。

この、他の国の言葉には滅多にないであろう表現は、まさしく「存在の中心から遠方へと働く遠心的エネルギー」の視点だ。

『ＨＡせる』……

そうだ、『行かせる』が『行く』＋『せる』であるように、これは、『ＨＡ（す）』に『せる』の付いた言葉ではないだろうか。

私の中で、ますます言葉が物理と感じられ、水面に石を落とした時に広がる波紋のようなイメージが浮かんだ。

もしかしたら、『波』や『発する』の『発』、『派』などのＨＡ音も、ＨＡが人類共通の先天音であるためにこの概念に一致しているのかもしれない。


「その通りだ。

ＨＡは先天音であるため、古代語には世界的にこの概念が潜むのだ」


そうだ、端《ＨＡ》といえば『端《はし》』という言葉もある。同じく存在の限界域のことだ。

『端《はし》』は、『はす』の名詞化表現（連用形）ではないだろうか。

そうだ、『走る』という言葉もある。『ＨＡＳＩ』に『ＲＵ』（後でこの言葉が活動状態語であることを知らされた）が付くとＨＡＳＩＲＵになる。遠方に行き着こうとする概念だったのかもしれない……


「その通りだ。この先天音から生まれた言葉があなた方の言葉には多数存在するのだ」

そういえば、『みだす』と言えばただ乱れているだけであるが、『はみだす』と言えば、外に

HAの広がりを型取る日本庭園

宇宙に働く遠心力

何かが出て乱れている状態だ。原子や太陽系にはコマのような遠心力が働いているが、HAとはまさにその力のように思われる。

彼らにとって言葉とは宇宙根源原理に直結するものであるのかもしれない……

だとすれば、その理解は、彼らの宇宙観の理解そのものと言っても過言ではないはずだ。


「その通りだ。

あなた方の言葉は我々の言葉を土台にして成立したものだ。我々の言葉の理解は、あなた方の心の世界の理解でもある」


私は語源というものが想像以上に重要であることを自覚した。

と同時に、私の中に、さらなるHAが連想されてきた。

それは、「私は〜」という時の『は』だった。

現代はWAと発言するが、表記が『は』なのは、古代にはHAと言っていたからだ。

何の関係もない助詞のようだが、助詞であることには意味がある。

言葉というものは、太古の時代には単語を並べることで意思を伝えていたものが、時代が進むにつれて助詞が生まれ、複雑な表現が可能になったという言語学上の推測がある。

もしも『は』が先天音ＨＡから生じた言葉であれば、それこそ、この言葉が助詞が存在しなかった極めて太古の言葉である証ということになる。

この言葉が「私ＨＡ」のように用いられたすると、「存在の中心から遠方へと働く」ことを表すこの言葉は、その主体（この場合は『私』）が外に向けて何かを発動することを表すはずだ。「光、輝く」が「光は輝く」となると光が主体であることが強調されるのは、「光は」のみで、すでに外に向けての発動というニュアンスを私たちが感じるからではないだろうか。これを、「光ＨＡ輝く」と発音すると、さらにそのニュアンスが強く感じられる気がする……

「その通りだ。

我々は助詞というものをある程度用いるが、我々の祖先の時代には助詞というものは存在しなかった。

この先天音は、助詞というものが用いられ始める、そのはしりとなった言葉の一つだ。

あなた方にはその潜在記憶が共通に潜むために、この共通認識が生まれるのだ」

考えてみれば彼らの世界は万単位で続いている。彼らの時代に培われた潜在世界は、私たちの魂の根底を占めているのかもしれない。

私は小さな頃に繰り返された、ある日常体験を思い出した。

近所のおばあちゃんたちが集まっていつも日なたぼっこをする、はるかな山や海を一面に見渡せる『かたせ』と呼んでいた私の家の土地があった。

同じ晴れの日でも、遠くの山は見える日と見えない日とがある。おばあちゃんたちが呼び合って日なたぼっこに『かたせ』に行き、海のはるか遠方の山がくっきりと見えることに誰かが気付くと、そうせずにはいられないように一人が頭を下げ、手を合わせる。その瞬間、あたりの雰囲気は一変し、皆がそうして、無言の時間が経過してゆく。

私は、日本人が偉い人や、尊い存在に向う時に、頭を下げて『HA、HA～』と言うあの独特の表現をも思い出した。まさにこの時のおばあちゃんたちの心は、『HA、HA～』と表現されるそれであった。実際にそのような場面では一番最初に手を合わせるおばあちゃんが『ハァー』と決まり事のように言うのである。そうすることで皆がそうするのだ。

私は小さな頃に感じていたその場の感覚を思い出していた……それは、端《HA》だけが尊いのではない。鮮やかに浮かびあがるはるか遠方の山々や、自身からそこまでに至る空間の全体に、何か絶対的な命に出会ったような尊さが感じられ、自身の何かが開かれるかのような覚醒感が生ずるのだ。

一昔前までの私たちの時の過ごし方は、彼らの心に通じていたのかもしれない……

あのような場面でいつも私が感じていたものは光だった。

そういえば、光はまさに「中心から遠方へと働く遠心的エネルギー」だ。

そうだ、偶然だろうか……言葉の上でも、ＨＡとＨＩは、いずれもＨＡ行音で一音違いだ。


「偶然ではない。

ＨＩの本質は、ＨＡなのである。

我々の言葉は、宇宙の原理がそのままに象られている」


ＨＩの本質はＨＡ？

たしかに直感的にはそうであると感じられるが……


「中心なる力は目に見えない。物質次元の力ではないからだ。

我々にとって、それが現象界に直接的に投影されたものこそ、ＨＩなのである。

ＨＩは、現れたる『ＨＡ』なのだ。

この真理は、ＨＩなる言葉自体に刻まれている」

たった一音にそのようなことがどう記録されるというのだろう。

「我々が用いるHIとは、HA・Iが一音化した言葉なのだ」

HA・I?

「あなた方は今も『いる《IRU》』という言葉を用いている。

一音で一つの意味を表す我々の言葉では、IとRUは、それぞれに意味がある。

Iは、存在を表す我々の先天音だ。RUは活動状態を表す先天語だ」

そうか、I・RUは、存在(=I)し続けている(=RU)という2語で形成された言葉なのか。

「I音は、我々の世界では抽象概念を存在概念化させる音としても用いられる」

存在概念化?

「あなた方は今も、たとえば『ＨＩＫＡＲＩ』などのＩ音で終わる言葉を名詞として用いる。

これは本来、この先天音により、動詞が変韻したもの（ＨＩＫＡＲＵ＋Ｉ）だ。

我々の時代には、Ｉ音は様々な言葉を存在概念化していた。

この先天音は、他の言葉と一体化（一音化）して一つの言葉となるのだ。

『ＨＩ』とは、ＨＡの具現化を表すのであり、現れたる『ＨＡ』なのだ」


光というものに感じていたＨＡの性質が、その通りに言葉に刻まれていることに私は驚いた。


「あなた方が今も用いる『神』なる言葉も、このＩによって生まれた言葉だ。

我々にとって、神とは、あなた方にわかりやすく伝えるとすれば、見えざる働きを示す場合と、存在としての神を示す場合とがある。

我々にとって、働きとしての神とは、言うまでもなく万物を生み出すＭＡである。

あなた方は、我々が万物を神と認識していたことをご存知であろうが、この表れたる神を我々は『ＭＩ』と言う。

これは本来、『ＭＡ』＋『Ｉ』なのだ」

私は驚いた。

『つきよみ』『やまつみ』などという古代の神名を思い出したからである。

『つきよみ』とは、『月夜の神』を意味している。

『やまつみ』とは『山の神』（『つ』は助詞『の』と同じ）を意味している。

つまり、古代では『ＭＩ』一音で実際に神を意味していたのだ。

彼の言っていることの全体はやはり真実としか思えない……


「我々は、存在を、子宮空間《MA》の化身、すなわち、神《MI》として認識する。

あなた方が動物か植物かを問わず、人間に恩恵をもたらすその実体をＭＩ（実、身）と言うのはその名残りであり、我々にとってその意味は本来、神なのである。

さらに言えば、我々は、高いことや遠いことをＫＡと言うが、我々にとって最も身近な高い存在である木をＫＩと言うのも、ＫＡ・Ｉであるからだ。

言葉の起源は、たどればたどるほど時代を遡り、ごく狭い焦点世界へと行き着く。

万ある言葉も、たどってゆけば千となり、そのルーツをさらにたどれば、百となり、十となる。

この大元の言葉ほど、あなた方の心の世界の深みに関わる言葉なのだ。それらの世界に至ることは、あなた方の心の深層に至ることであり、人間とは何かの、あなた方がまだ理解できていない根本世界に行き着くことになるのだ」

木はなぜ木と言うのか、小さな頃に誰も教えてくれなかった疑問を私は思い出し、新たな思いで目の前の木、ＨＩＫＩを見た。

この巨大な幹には、大地の神気が漲っている。それは幹から枝々へと流れ、その技々に、今から新葉が出現するのだ……

そう思いながら、私ははっとした。

そうだ……さらなる彼らの言語世界の完璧な統一性に気付き、私は、疑いたい心と、疑いようのない客観的事実とのはざまに立たされた。

漢字のベールをはがせば、真実が見えるのか……

彼らの中心軸的世界観に基づけば、木も遠心的世界のはずで、実際、木はその通りの構造だ。中心から外側に年輪が広がり、その外にはさらに四方へと枝が伸び、さらにその外側に葉がある。木の中心から見て、最も外側（端）に形成されるものが葉だ。

木にとっての端《ＨＡ》は、まさしくＨＡ（葉）なのだ。彼らの言語観では、『山のＨＡ』のように

『木のＨＡ』という表現がごく自然に成立するはずだ。

「その通りだ。
葉もまた、ＨＡから生じた言葉だ」

次々に的を得たインスピレーションが浮かぶ自分自身にも私は驚いた。

「ＨＡは、ＨＡＲＵなる言葉の元となった言葉でもある」

ＨＡＲＵ？
そう考えていると、なぜか『ＨＩ・ＲＵ』という言葉が頭に飛び込んできた。
ＨＩ＋ＲＵ？

「『ＲＵ』なる言葉は、先にも伝えた活動を表す先天語だ。
『ＨＩ・ＲＵ』とは、ＨＩが活動状態であることを表す」

ＨＩが活動状態？

私は、突然違う言葉の話題になったことを疑問に思いながらも考えた。

そうだ、『昼』や『干る』は、私たちにはまったく別の意味の言葉だが、これらは本来の概念で漢字を当てるとすると、太陽の力が働く『陽《ひ》ＲＵ』なのか！

彼らの言葉は、単なる意味ではなく、一貫した原理に貫かれているのだ！

しかし、なぜ突然、『ＲＵ』とは何かを伝えられたのだろう？

そうか……彼らの言語感覚では、新緑の木々がいきいきと葉を広げる活動状態を『ＨＡ（葉）・ＲＵ』と表現するはずだ。

「その通りだ。

我々は、葉が瑞々《みずみず》しくより先端へと伸びようとするその状態をＨＡＲＵと言うのだ。

ＨＩＫＩを尊ぶ我々にとって、この現象は尊くめでたい現象として、喜びの思いで畏敬された。我々はこの現象の奥に、生命とは何かの根本原理を直観するのだ」

彼らは、そこに、新緑の自然界の変化そのものを見ているのだろう。

「我々は、万象を空間を主体に認知している。

様々なHAなる現象の奥にも、空間自体のHAを見る。

『葉る』の奥にもまた、空間次元のそれを見るのだ。

この認知を定着させた我々の言語は、別々に見える現象の奥にある普遍原理を自ずと把握させるのだ。

我々の時代には、わずかな言葉しか存在しなかったため、一つの言葉がその原理に関わる複数の対象を表した。この直感で交流する言語性質こそが、我々の感覚そのものをも、高次な次元に維持させたのである」


彼らにとって、言葉は、この宇宙を統一的に認知させる力だったのか。

そういえば、古代では植物の芽が育つことをも『はる』と言ったが、たしかにこれもより遠方へと伸びてゆく活動だ。やはり同一の原理をその奥に見ているのだ。

そうだ、遠方に至ろうとする力は張りにも通じる。

バケツに水を入れ、紐を繋いで回転させると水は遠心力でこぼれない。この時、紐はピンと張ったまっすぐな状態となる。この集落空間に成立するこの紐の張りに似た力こそがこの奇跡的調和をもたらしていると直感されるが、このとらえ難い力を、彼らの言葉はたやすく認知さ

畑のまつり(『くらしぶり図絵』多摩書店)

せてしまう……

そういえば、『付ける』と言えば物と物とを単にくっ付けるだけだが、『貼る』と言えば、ぴんと平らにして付けることを言う。そうだ、畑を耕して平らなぴんと伸ばされたような状態にすることをも『はる』と言うが、畑をはられた状態にした春に、昔はそこで祭りが行われた。その祭りも、畑の中心に中心の柱となる竹などを立てて行われた。思い出しながら、私は、日本の村落で行われるこの祭りの形が構図的に中心にＨＩＫＩがある彼らの集落にそっくりであることに気付いた。

「我々のこのあり方は、様々な形で踏襲された。後の時代にＨＡＲＩ状態の畑に立てられるようになった柱は、我々の儀式の再現のためであった。

ＨＩＫＩのなくなった時代には、儀式の時のみ中央に柱《HIKI》が立てられたのだ」

やはり、そうだったのか……

「あなた方は今も広々とした平地を原《HARA》と言う。
これも空間への畏敬を表す我々の時代からの神聖言語《フォース》だ。
今のあなたには、この言葉の意味も直感できるだろう」

そうか、原も漢字でイメージしてしまうが、HA・RAなのか。
中心なるRAだ……

「その通りだ。
我々は中心なるものをRA音で表す。
その力が広く四方に及ぶ場がHARAだ。
我々は自然界が自然成立させた中心なる場を重視するのだ」

日本の昔の村名に、『中原』など、原が付く村名が多いのもそのためかもしれない。
そう思った時、同じ音で、まったく意味の違う『腹』という言葉が浮かんできた。
そうだ、縄文土偶は臍《へそ》を強調したものが多い。もしや……

「その通りだ。
我々にとって、臍は人体センターの一つだ。
腹《HARA》は、人体の中心《HARA》なる場なのだ」

臍が強調された縄文土偶

意図的に臍が強調された土偶が明らかに多いのはそのためだったのか……
彼らは、人体の根本的なエネルギーを研澄まされた感覚により、鮮明に把握していたのだろう。だとすれば、そのエネルギーを高める方法も、把握していないはずはない。
(実際に臍の奥には、人体の中心軸エネルギー形成にとって最重要なセンターの一つがあること〈よく知られる丹田とは異なる〉、および、そのスイッチの入れ方も知らされたが、実践的内容は、この本の主旨ではないので省略する）

「生命の誕生には、この根本エネルギーが型取られているのだ」


そうだ、臍は母胎との接点だ。

彼は子宮空間という言葉を用いているが、臍の奥には子宮がある。

胎児は、臍という中心によって母という外宇宙に繋がる。

母から子へと『中心』を通して命は結ばれている。

そういえば、この集落もその通りの構造だ。

太陽系宇宙と繫がるＨＩＫＩは、この集落の臍なのか……

私はふと、『母《ＨＡＨＡ》』という言葉を思い出した。

この日本古来の言葉もＨＡ音だ。彼らのこの山の端《ＨＡ》に包まれた空間は、絶対的な母に抱かれているとしか言いようのないものが感じられる……


「ＨＡＨＡなる言葉は、我々の時代には異なる意味で用いられていた。

我々人間は、『子宮空間《MA》』の子である。

我々人間には、万物を育もうとする母性がある。

これこそは、MAなる力の表れであり、我々がMAの子である証なのだ。

人間に内在する不変なる愛の力は、子宮空間《MA》によってのみ育まれる。

逆に言えば、人間は、子宮空間が失われると、愛を失うのである」


私は、まさに現代の私たちこそ、それであると思った。


「いかなる境遇にあろうとも、人間は完全なる母に抱かれることができるのであることを我々は知っている。そうなるべく形成された場がこの我々の子宮空間《MA》なのだ。

我々の体は、この我々の集落のようにぐるりと山の端に囲まれたセンターを、母《MA》が与えたもう子宮の中心として感じ取る。胎児が子宮という、人体の中心に位置するように、我々の人体センサーは、このような大自然の子宮の中心がどこかを感知するのだ。

我々はこのHAに抱かれる場を、HAHAと呼ぶ。あなた方が今も用いる母《HAHA》なる言葉は、我々のこの言葉から我々より後の時代に生まれた言葉だ」

私は、おばあちゃんたちが遠方の山々にひれふすように『ハァー』と手を合わせる時に立ち込める空気を再び思い出した。たしかにあの体験は、大いなる母《HAHA》に抱かれた感覚であった。

そういえば、ママという言葉がある。ほとんど世界共通に母を表す言葉だ……

「MAMAなる言葉も、先天音としての人類共通の感覚が下敷きにあるがゆえに人類全体に定着した。我々にとって、同音の繰り返しは、それが最も強く表れることを意味するのだ」

考えてみると、現代の私たちは、山の端《HA》にも木の葉《HA》にも包まれていない。たくさんの愛を受けて育った子供は愛情豊かに育つが、人間を超えた母性に包まれて育つ彼らには、それ以上の豊かさが生まれるのだろう……

そう思いながら集落を見ると、ヒムカが他の子供たちとHIKIのまわりを、大空をはばたく鳥たちのように回りながら遊んでいる。両手を広げ、空を見上げながら、幸せいっぱいの声を発しながら旋回している。自由な体と心はまるで宙に舞っているかのようだ。遊んでいるというのに、なんと優雅な姿なのだろう。

ワシラは光の存在なのじゃ

そう思っていると、驚いたことに、どこからともなく鳥たちがやってきて上空を旋回し始めた。子供たちとまったく同じように、ＨＩＫＩの上空を中心に旋回している。これは偶然なのだろうか。ヒムカたちは、鳥たちに手を振りながら旋回を続ける。一緒に空を舞っている感覚なのだろう。

どう見ても子供たちの愛情ゆえに鳥たちがやってきたように私の目には見えた。

この輝いた目は、こんな日々から生まれるのだろう。まるで宙に舞う天使だ。私たちの一日中イスに座って知識を詰め込む子供たちがむしろかわいそうに思われてくる。

子供たちの手を振る様子は、いつもの出来事に思われる。ここでは、空間を経由して、鳥たちとも意識が繋がり合うのだろうか。

ヒムカたちは鳥たちに届かせるように声を発し続ける。疲れきって走るのをやめると、一人の大人が、鳥の鳴き声を真似たような声を出した。鳥たちの中の一羽が、それに応えるかのように鳴き、去っていった。

ＨＩＫＩにはたくさんの鳥たちがやってくる。ＨＩＫＩは、人間たちの家であると同時に、

光を思わせる木のHARI

鳥たちの家でもあり、様々な命あるものの共有の家であることを実感させられる。

子供たちはＨＩＫＩの下で遊ぶことが多いようだが、日差しの強い夏には、遠方まで枝を伸ばしたＨＩＫＩは、たくさんの葉で子供たちを日射しから守ってくれるに違いない。日射しの弱い冬にはブラインドを開けるように葉を落とすのだろう。子供たちは、こうしてＨＩＫＩに守られた実感の中で育つのだろう。

「我々にとって、鳥たちは、人間には感知できない世界を告げに来てくれる存在だ。

我々は、そうして多くを鳥たちから教えられる」

彼らの中にいると、人間はどんな存在とも交信でき、どこまでも自由なのだと気付かされる。

「ＨＩＫＩは、我々にすべてを教えてくれる。
ＨＩＫＩは、自身を葉《HARU》ることによって、ＨＩを受容し、ＨＩの存在となる。
我々の子供たちは、この原理で育つ。
いかにＨＡＲＩ《フォース》に躍動する存在となるかということが、我々が願うすべてだ」

彼らの存在感に光が感じられるのは、そうして育つためなのか……

「ＨＩは、ＨＡＲＩ《フォース》と共に宿り、ＨＡＲＩ《フォース》と共に躍動する。
ＨＡＲＩが失われると、人は、光《HI》をも失った状態に至る。
あなた方が今も用いる『人』という言葉には、我々のこの認知が記録されている。
木がＨＩＫＩであるように、我々もＨＩＴＯであるべき存在なのだ」

ＨＩＴＯ？
ＨＩＴＯのＨＩとは、まさか彼らの用いる神聖言語《フォース》『ＨＩ』だというのだろうか……

アイヌの長老

「その通りだ。

我々は、あなた方の人間にあたる表現を、ふだんはＴＯと言う。

すべてを、我々は一音で表すのであり、例外はない。

だが、ＨＩを認知すべき節目やその他の折々に、我々は、人間のこともＨＩの宿る存在として、ＨＩＴＯと言う。

ＫＩをＨＩＫＩと言うのと同じだ」


アイヌの人々が、同じ対象を通常の表現と神としての表現の二つで表すことを私は思い出した。アイヌの人々は、縄文人の子孫と考えられているが、やはり本当かもしれない。

それにしても、なんという人間観だろう……

そして、なんという言語原理なのだろう……

長年世界的にヒットしている『スター・ウォーズ』という映画がある。私は、戦いシーンのイメージが強いため、まったく関心はなかったが、この映画に登場するジェダイ・マスター

「ヨーダ」のモデルは老子であると言われているため、観てみたところ、フォースという言葉が使われていることを知った。

ヨーダは「ワシラは光の存在なのじゃ」と言っており（その偉大なる力〈フォース〉は我々の周囲に満ち満ちて我々を結び付けておる。ワシラは光の存在なのじゃ……）、ヨーダが語るフォースはＨＡＲＩ《フォース》に近く、彼の言う光も、まさにＨＩに近いように思われる。ＨＩＴＯというたった一語でこの「ワシラは光の存在なのじゃ」の意味を表す言葉を彼らが実際に用いていたことに驚きを感じる。

「この言葉は後に日常化し、あなた方の人間を表す言葉として定着したのだ」

そうだ、ＨＩと言えば、ＨＩＭＥやＨＩＫＯという言葉がある。
ＭＥとは女性であり、ＫＯとは本来、男性のことだ。
姫（ＨＩ＋女《ＭＥ》＝光ある尊い女性）や彦（ＨＩ＋男《ＫＯ》＝光ある尊い男性）という言葉の成立は、まさにこのＨＩの概念によるものと思われる。

縄文土器のフォース

私は、私たちの言葉の大元が宇宙の原理そのものであることにますます感動を覚えた。

そういえば、古来の日本語で『宇宙』の意味に最も近い語は、天《あま》だ。

この言葉も神聖言語《フォース》MAで構成されている……


「あなた方にわかりやすく伝えるとすれば、A・MAとは、最も初原なる母性空間だ。

先天音『A《あ》』は、始まりや原点を表す。

AMAは、その中にさらなる母性体《MA》を生む。これこそ、我々の手本であり、学びのすべてだ。

集落も、住居も、土器も、我々のすべてはAMAのもたらす原理によるのである」


土器？

土器がAMAの原理……

どういう意味だろう。私は一瞬考えた。

その時、集落の倉庫と思われる建物の中に大切に置いてある土器が目に入った。木の実が保管されたそれらの土器には、縄の文様が取り巻いているが、それが集落のＨＡＲＩのような印象で感じられ、しかも、驚くことには、それらの土器の多くには、実際のＨＡＲＩ（縄）も巻かれていたのである。

そうか、土器も子宮空間《MA》なのか！

私の中で、集落の円形空間と土器内部の空間とが一つに重なった。

土器が縄文を基本としているのは、集落のＨＡＲＩと同じ意味だったのか！

縄文土器

「その通りだ。

我々は、土器空間にもＨＩを宿すためにＨＡＲＩを形成するのだ。

我々にとって、土器もまたＨＡＲＩ空間なのだ」

私は、縄文とは何かを知りたいと思ってきた。

土器にあれほどまでに縄文が刻まれているのには何かの理由があるはずだ。縄文土器の文様が、彼らにとって神を意味する象徴ばかりであるから

火焔土器

には、縄の文様も例外であろうはずはなく、何よりも縄文こそが数多く刻まれているからには、最も神聖なる意味がそこにあるに違いないと思ってきた。

私の直感がとらえていたものは、これだったのだ。

やはり縄文には彼らの秘密が刻まれていたのだ。

私は彼がなぜこんなにもＨＡＲＩについて伝えようとしたのかの、その意味を悟った。

私の中の『縄文人』のイメージは、『縄文《フォース》の人々』へと変化した。

「我々にとって土器は命ある子宮だ。

我々の時代には、土器作りも、ＨＡＲＩを巻いたまま、ＨＩを与えたのだ。

後の時代には、地域によっては炎を象った土器も作られるようになった。

これもすなわち、土器空間に、聖なるＨＩが働くことへの願いである」

炎を象った土器？

火焔土器のことか……

まったく異なる二つの文様の意味が私の中で一つとなった。

HIはすべての核

「我々が土器を朱の色に染めていることにあなたはお気付きのはずだ。この意味も、今のあなたにはわかるはずだ」

そうか、これも、そのためだったのか。HIの色なのだ！

「我々がなぜ朱の衣服を好んで着るのか。それをなぜHIと呼ぶのか。今のあなたには、この理由もわかるだろう」

そうか……緋《HI》は、陽《HI》だったのだ。太陽を象徴する色だったのだ。

「ＨＩの色は、後に、昇る太陽を意味してアケと呼ばれた時代もあったが、我々の時代にはＨＩと呼ばれていた。この両者があなた方にも受け継がれているのだ」

だからアカとヒの両方の呼び方があるのか。


「大地を母なる神として生活した我々の祖先は、この我々を生む大地の雛型空間を造形で表すようになった。

そこに命を宿すために偶然に生まれたものが、あなた方が土器として知る、この子宮空間《MA》だ。

これは、あなた方が今信じているよりもさらに5000年以上遡る年代には、すでに用いられていた。もちろんそれは人類史上最古の土器であった。

我々の祖先の火に対する崇敬心は、太陽への崇敬心と一つであった。

火とはＨＩであり、身近なる太陽なのだ。

我々にとって、食糧にＨＩを宿らせることも、本来、調理目的ではなかった。

それをいただくことで、我々は、ＨＩを授かるのだ」

そういうことだったのか……

私の祖母は火で調理することをよく火を入れると表現していたが、火を入れるという視点は彼らと同じ視点だ……

そういえば、日本人の風習の一つに、火打ち石を大切な人に打つ風習がある。私の知人にも、受験の日の朝、お母さんからそれを受けたという人もいて、地域によっては今も健在であるが、ダルマの風習と照らし合わせると、これもＨＩを入れるという発想が大元かもしれない。

火を宿した土器

日本人は国旗の太陽を実際よりも赤よりに描くが、これも彼らのＨＩの色に近い。

私は、土器を見ながら、弥生時代に入ると土器から縄文も他の文様も突然消えてしまうことを思い出した。また、その縄文のない土器を用いる弥生の遺跡からは縄文遺跡とは正反対に大量の殺傷人骨が見つかることを思い出した。

これは、子宮空間《MA》そのものが失われたことを意味しているのではないだろうか。

「その通りだ。

あなた方が弥生と分類する時代に入り、大陸から大量の人々がこの日本列島にやってきた。

そして我々は次第に社会的権力を握られていった。その結果として、我々のこの子宮空間《MA》世界は少しずつ失われていったのだ」


やはりそうだったのか……

私たちの中にその両方の血が流れていることを、私は複雑な心で受け止めた。

しかし彼はそうしたすべてをも知り抜いた上で私たちを導こうとしている気がする。


「我々は彼らに抵抗しなかった。

ゆえに殺されることもほとんどなかった。

殺し合ったのは対抗し合う彼ら同士であった。

我々の社会では、土器作りや土偶作りの主体は女性たちであった。

子供を出産するように新たな命を生む。それが我々の土器作りであった。

だが、弥生の時代に入り、土器作りは男性専門集団の手によるものとなっていった。

それは、母なる営みの喪失を意味していた。

この過程を経て、我々の土器作りの心も失われていった」

私は悲しい思いで目の前の土器を見た。この土器に、こんなにも命が宿っているように見えるのは、実際に命としてこの世に生まれるからなのか……

大地と共に生きた彼らの思いが、自身の記憶のように私の中に甦るのを感じた。

「あなた方には、我々の世界は失われた世界に見えるだろう。

だが、それは違う。

我々は失われてはいない。

何者にも、我々を消滅させることはできない。

その意味は、いずれ理解される日が来る」

無と永遠

「我々は永遠へのゲートを知っている。

我々は、我々の愛する土器をも、そのゲートへと返すのだ。

土器の魂が失われないようにするためだ。

ＨＩＫＩも、冬には自身の葉を大地に返す。

それゆえに、ＨＩＫＩの魂は失われない。

我々にとって、大地とは無の領域だ。

我々は、無の奥に永遠への門があることを知っている。

母にはさらなる母があるように、大地にはさらなる中心があることを知っている。

あなた方は、我々の土器などがなぜ意図的に壊されて大地に埋められているのかを理解できないでいるが、それはこのためだ。

渡来の人々の物には永遠なる中心は宿っていない」


私は、この儀式の前に集落が何もない状態だったのを思い出した。

冬至を前に、すべてを無に帰すのだろう……


「万物は中心に向かう。

中心は0《無》であると共に、∞《無限》でもある」

彼らは、存在が中心へと向かうその意味を究極まで認知しているように思われる……


「自然界には、万物を永遠性へと結び直す結び目が存在する。

それが冬至だ。

我々はその力に揺り動かされ、様々な創造、挑戦に向かう。

新たな土器の創造も、その一つだ。

冬至を境に、我々も新たなHARI形成に入るのだ」


新たなHARI形成……

私の脳裏に突然浮かんできた私たちの風習の光景《シーン》に、私は驚いた。

彼らの世界を驚くべき世界と思いながら見ていたが、私たちは彼らと同一行為を今も行っている……


私たちは注連縄などを一年の終わりに納め、新たに作る。納める時にも、みんなで火を円形に囲んで無へと返納する。彼らも同様で、土器などをHIKIを中心とする円形集落中央に返納する。また、年末には徹底した大掃除を集落ぐるみで行い、きれいさっぱりにすることが日本の風習であった。これも、彼らの儀式前とそっくりだ。私たちは、彼らから手渡されたタイムカプセルを維持し続けていたのだ。

私も子供の頃から毎年ちょうど冬至を過ぎた時期に家族と輪飾りや注連縄を作っていたし、今もそうだ。都会では買ってすませるようになってきてはいるものの、それでも新しい注連縄にする習慣は続いている。

私は、子供の頃の注連縄を作る時の、あの早朝のなんとも言えない新鮮な幸福感を思い出した。始める前に塩を撒き、清められた空間の中で藁をキュッと引く時、自身の心にも張りが生まれるようなあの感触……

無限世界への入口

注連縄作りは、まずその空間（住空間）を何もない状態にした上で行っていたことを思い出す。

「我々は子宮空間《MA》主体にすべてを認知する。
目に見える現象としての存在は、子宮空間《MA》なる真の実体にとって、仮の姿にすぎない。
存在《MA》には、この真の実体への扉がある。

それが中心なるものだ。

中心を忘れた化身は無限なる故郷《ふるさと》を見失い、自身を満たそうと、ひとり歩きを始める。このひとり歩きは、子宮空間を乱すことを我々は知っている。あなた方には、物体がひとり歩きを始めるという概念が理解できないだろうが、これは真実なのだ。

人間も万物と同様、これを失うとひとり歩きを始める。けがれの発生はそこから始まる。すなわちそれは、中心を失った力の成立を意味するのだ。あなた方が悪霊という、理解できない力として認識している現象の本質もそこにある」


私は彼の言葉に衝撃を覚えた。

私たちとはあまりに異なる世界に感じられるが、私の魂はそれが真実であると感じている。

そうだ、西洋の人々が初めて日本を訪れた頃の手記には、「空き家かと思った」「引越した家なのかと思った」というような日本人の片付け傾向に驚いた記述が多数ある。部屋の中を何もなくすっきりと片付けたり、不用品を処分する時、何かすっきりとした感覚が生ずるが、これは単なる気分の問題ではないのかもしれない。

この原理は、私たちの心の中でも働いている気がする。

現代人は、怒りや不安など、自分ではどうすることもできない思いにとらわれている人が少なくない。物があふれ、ひとり歩きの存在があふれる空間で生活する現代人は、心の中も、ひとり歩きの存在であふれてしまうのだろうか。

心が、雑多な存在でいっぱいになると、それに縛られ、私たちは重たくなる。

そして、新しい心、わくわくする心や、ときめくような心は生まれなくなる。

そうだ、ＨＩＫＩは、無となるがゆえに新たな葉が与えられるのだ……

何にもとらわれないすがすがしいほどのまっさらな心になると、私たちの心には、そうしようとしなくても、希望にあふれるときめくビジョンが次々と生まれてくる。

私たちの心も、無の世界から、新たな命がもたらされるのだろう。

真の希望は、作ろうとしても作られるものではない。

それは、真に真空の心になった時、自動的に湧いてくる。

彼の言っている原理は、様々な次元を貫いて作用しているのだろう。私は情感の次元でしか認識できていないが、それだけでも気付きを与えられる……

「その通りだ。

そうして与えられる希望《ＨＩ》には、それを現実化する流れが最初から用意されている。

０のみが∞を生み、光《ＨＩ》を生む。

この原理は、あらゆる次元を本質で貫いているのだ」

私はストーンサークルのセンターフィールドに繫がろうとした時、彼からイメージさえも捨てるように指示されたことと、その直後に時間を超えたことを思い出した。私たちの魂は本来、時空を超える自由な無限存在であるのかもしれない……

「人間は本来、∀《すべて》なのだ。

∀には、外にどんなに求めても、出会うことはできない。

それはどこまで行っても『一部』の探求となる。

∀に出会うルートは一つしかないのだ」

人体の超感覚センサー

「中心なるものが何をもたらすかを、現代のあなた方は知らない。

それゆえにあなた方は、光を見失っているのであることが我々にはわかる。

あなた方は、生きる上での原動力を思考においている。

だが、我々はそうではない。思考は、我々にとって補助的な位置にある。

たしかに思念は大きな力をもつ。だが、それは現象界の力だ。

そのひとり歩きにより、あなた方は光を失っている。

我々が思考をどうとらえるかをあえて分析的に伝えよう。

あなた方は、たとえば自身の何かの行為を悔やみ、様々な思いにとらわれ、それに関連する思いをあれやこれや連想したりする。このような時には、自身でも不安定に自身が感じられるはずだ。思考の分散状態は、あらゆる次元の統一性を損う。

それは肉体に刻まれ、一定期間続くと、様々な分裂感情を引き起こさせるようになる。この段階では、心では心をコントロールすることが難しくなる。

あなた方はその状態が通常であるため、人間とはそのような存在であると思っている。

しかし、人間とは、決してそのような存在ではないのだ」


私は、経験から彼の言っていることがある程度わかった。

多くの人を体へのアプローチで導いてきた経験から、体を見ればどんな感情や人生上の障害をその人がかかえているかがわかるからだ。

「我々も思考はする。

だが、中心と繋がる我々の思考は、あなた方とは逆の性質をもつ。

あなた方も時にその次元に至ることがあるが、その違いを認知できていない。

たとえば先の例であれば、その事柄を超え、そのような結果に至ってしまう自身の側面のすべてを捨て去ろうというような心境に達した場合、空間体としての体は統一状態を形成し始める。

両者の思考エネルギーは、空間《MA》体にとってまったく真逆のエネルギーであるのだが、言語観念で物事を識別するあなた方は、両者を、たとえばこの場合、反省などの同一言語概念でくくってしまっている。

我々はこうした思考エネルギーを、あなた方とは違い、体のセンサーによってのみとらえている。この体感覚により、我々は、フォースの形成を妨げる妨害波のすべてを感知できる。

たとえば、同じ愛という言葉で表される心にも、怒りという言葉で表される心にも、両者があるが、あなた方は、愛は正しく怒りは良くないというような観念枠による識別を行ってしまい、実相としてのそれをとらえてはいない。

人間の思念は、二つの方向性のどちらかでしかない。分裂的な分散型か、すべてを統一させる統一型のどちらかだ。後者は自身という存在の焦点を結び、全体への扉に出会うが、前者はそこから遠ざかる。

我々は、あなた方のような観念教育を子供に施さない。

それは、その認知センサーを鈍らせるからだ。

あなた方は、過度な観念教育による観念の肥大化の結果として、あなた方の言う統合失調症や洗脳体質、その他の様々な脳の障害を引き起こしている現実に気付いていない。我々の目には、あなた方の大半は精神障害をかかえている。

我々の世界では、このセンサーをもたらす活動、すなわち、儀式や舞、ＨＩＴＯＫＡＴＡのみが、人間教育のすべてと言っても過言ではない。

我々は、このセンサー一つで、内外のあらゆる障害を回避できるだけでなく、各人に必要な叡智は際限なく自らの力のみで取得できるのだ。

我々が自然界の原理を把握しているのも、この力によるのであり、情報によるのではない。

これが、我々とあなた方の最も大きな違いだ。

外部から入る知識情報は、たとえそれ自体は良きものであったとしても、観念フィルターを形成する。ことに統一体未形成のままになされる生き方に関する情報過多は、強い洗脳体質をもたらすことになる」

私は彼らのＨＩＫＩを思わせる容貌の秘密を知らされた思いになった。

戦いを超えるルート

「我々は、すべてを自然界から体で学ぶ。

自然界は、愛であると共に、叡智そのものだ。

自然界は、もう一方で厳しさをもっているが、それこそが最大の愛なのだ。

自然界で生活する我々は、身に迫る危険を回避できなければ致命的結果となる。

自然界は、中心なる力に繋がる限りはその存在に楽園を提供するが、繋がることができない存在に対しては、命をも落としかねない厳しい世界である。その厳しさにより、生命は統一体の形成を促されているのだ。

自然界に強い畏敬の念を抱く我々の祖先は、自然界との密なる関係において、戦って身を守るのではなく、戦わずして身を守るこの本源ルートを探り当てた。

それが、我々のこの力なのだ。

この力は自然界だけでなく、人間界においても、理性では感知できない不運を事前に回避する力として働く。この力がいかに自然界と我々とを争わず和合させるかについては、一年後にその現実をお見せしよう。

我々がこの原理へと到達することができた理由の一つは、ＨＩＫＩを中心に生活していたからだ。我々のＨＩＫＩへの強い畏敬心は、ペットが飼い主に似るように、我々を樹齢５０００年を超えるＨＩＫＩたちの叡智に近付けた」


私は、最初にＨＩＫＩを見た時に感じた霊性のすごさを思い出した。そういえば、社《やしろ》が作られるようになる以前には、御神木が畏敬の対象であったという話を聞いたことがある。神社の中にはこのような集落であった場所もあるのかもしれない……


「あなた方は、西洋人と日本人の自然観の違いについて、西洋人は自然を戦う対象ととらえてきたのに対し、日本人は和合する対象ととらえる潜在的な違いがあることに気付いている。だが、この違いが何から生じたのかの真の理由にあなた方はまだ気付いていない。

豊かな自然であったからだと理解しているかもしれないが、同じく自然豊かな地域であっても、自然界は戦う対象と認識されてきた事実を知るべきだ。どんなに豊かであろうとも、自然界には厳しい原理が働くからだ。

あなた方は、自然界から離れる中で、本来人間に備わっている最も重要な能力を眠らせてしまっている。人間には本来、他の動物よりもはるかに高い統一能力《フォース》が与えられている。この力は、自然界を和合する力でもあるのだ。

我々がこのような場を正確に選ぶことができるのも、理性ではなく、同じ力によるのだ」

フォース言語『ＨＡＲＵ』

「自然万物には、古きを一新させる力が働き続ける。

それが子宮《ＡＭＡ》空間自体の自立力だ。自立力は、ＨＡＲＩ《フォース》に支えられている。

冬至を境に、自然界は、新たなＨＡＲＩ形成へと向かう。

我々もその時、新たなフォースと全身で一つになるのだ。

この、万物が新たなＨＡＲＩ形成へと向かう冬至後の期間こそ、母なる《ＡＭＡ》空間の新たなＨＡＲＩの時として我々が認識している季節、すなわち春《ＨＡＲＵ》なのだ」

やはりそうだったのか……

春は、彼らのこの認知から生じた神聖《フォース》言語だったのだ。

なんと壮大な世界に至らせる言葉なのだろう。

そして、なんと美しい言葉だろう……

私は彼らの季節感覚を直感した。

現代の私たちは、暖かいか寒いかという現象の認知で季節をとらえている。

だが、彼らはそうではないのだ。超感覚的な彼らは、空間の変化、すなわち、宇宙そのものの変化をダイレクトにとらえているのだ。

最も寒い1月や2月が春であるのは、気温という現象次元で季節をとらえる現代人にとっては違和感を覚える。だが、空間の変化においてはこれこそが正確なタイミングなのだ。

たしかに春は、空間が新たなHARIを形成しているのであろうことが私にもわかる……同じ寒さでも、10月や12月の冬至に向かうまでの寒さは、空間がゆるんでゆくようで、何か物悲しく失ってゆく感覚だ。それに対し、冬至が過ぎてからの寒さは、寒さが増すとはいえ、逆にしんとした張りが感じられ、空間の緊張感が新鮮に感じられる。空間は、冬至を境に真逆の方向に反転しているのだ。彼は冬の意味についても語った（省略）が、冬もまさに空間がふゆ（＝ふやける＝張りがなくなる）となる時なのだ。

そうだ、春という言葉は、動詞が名詞として用いられている。動詞の形がそのまま名詞として用いられる言葉は、最も古い時代の言葉だ。

「その通りだ。

冬至が過ぎてからの空間は、遠方の山々がしっかりとブレなく見える。我々は、この、空間にブレのなくなる現象を、新たなＨＡＲＩ《フォース》形成の象徴として認識していた。

もちろんこれは、現象レベルでは温度の低下によるものではあるが、それによって静まる大気の変化は、その本質であるＨＡＲＩによる緊張状態と酷似しており、我々はそこにフォースそのものの働きを見るのである」


たしかに新春である1月頃の、遠方の景色が鮮明に見える空間には、すべてが清らかになり、何かが始まろうとしているような、そんな予感めいた緊張感がある。

フォースがもたらす叡智

「春なる季節には、人の心にも新たなＨＡＲＩが生ずる。

自然界に共鳴する我々の子供たちは、観念世界に閉じ込められたあなた方の子供たちとは異なり、この季節に、あたかもＨＩＫＩが伸び伸びと葉を広げるように、山や海に新たな冒険を試みようとする。

子供たちは存在と一つになることで新たな叡智を自ら獲得してゆくのだ。

我々の世界では、大人たちも、高次な次元で新しく生まれる。

そうして、一人一人が新たな叡智へと旅するのだ」


人間の叡智さえもHARI《フォース》によって与えられる……

私の中に、彼らの感覚が伝わってきた。

何かの対象があるわけではないワクワク感に私も今包まれている。

そうだ、この理由なきワクワク感は、小さな頃に体験し、大人が忘れている感覚だ……

「その内発的衝動こそが人を無限なる宇宙に解放させ、HARI《フォース》への入口となるのだ。

だが、あなた方現代人はこの真の解放ルートを忘れているため、現象次元の刺激情報によって解放感を味わおうとする。

これは叡智《フォース》の感知力を鈍らせるのだ」


そういえば、私たち日本人は、心の世界にもHARIという言葉をよく使う。

『はりあいがある』『はりきる』などといった言葉をあたり前に使っている。

『はり』と表現できる何かが、私たちにときめきを与え、叡智《フォース》の世界に身を置くことができる……現代の私たちにも、そのような認識が潜在しているのだろう。

「現在のあなた方は我々の言語を引き継いではいるが、漠然とした抽象概念として用いている。だが、我々にとって言葉というものは、物理なのだ」

物理……たしかにそうかもしれない。彼らと私たちの生き方の違いは、観念による生き方の模索なのか、この宇宙という存在そのものにダイレクトに通じているのかの違いにあるように思われる。その違いが、彼らの言語と私たちの言語の違いでもある気がする。彼らの言語から見たら、私たちの言葉は抜け殻に見える。

「我々にとって、言葉とは、『ことのＨＡ』なのだ。
事象《こと》という事象《こと》をそのままにＨＡする力、それが我々の言葉だ。
それは、光《ＨＩ》が、すべてを明らかにし、すべてを伝えるのと同じだ」

『ことば』自体が彼らの神聖言語《フォース》からきていたのか……

私はもっと彼らの言葉を知りたくなった。

「あなたは、日本人が『祓《はら》う』という独特の視点を有していることを知っているはずだ」

私は驚いた。この言葉は、日本古来の宗教観の本質として理解されてきた言葉だ。

まさかこの言葉も彼らの神聖言語《フォース》だというのだろうか。

「その通りだ。

我々の世界ではそれをＨＡＲＡＦＵと言う。

ＨＡＲＡＦＵとは、『ＨＡＲＡ《フォース領域》』とふれ合うことを、意味するのだ」

そうか、先ほど聞いたＨＡ・ＲＡか……

「『ＦＵ』とは、『接触』を表す先天音だ」

そうだ……私は『触《ふ》る』という上代語を思い出した。まさに接触を意味する言葉だ。

たしかに私は今、この空間に触れていることで、けがれも乱れもない状態にある。

現代の私たちは単に思い込み的なものとして『祓う』という行為をとらえているが、そうではなかったのだ……

「ＨＡなる力は、磁力が砂鉄群を整然と方向付けるように、あるべき本来を成立させるのだ」

そうだ、現代の祓うという意味も、単にきれいにする意味とは違う。それによってすべてが調和し、幸せを妨げるものを消滅させるという概念を含んだ言葉だ。この時代の世界観が潜在しているからなのか……

フォースとしての愛

「あなた方は、様々な経験を通し、人間にとってあなた方が愛と呼ぶものがいかに大切かを考える。

だが、あなた方はその本質を理解していない。

ＨＡなる力こそ、あなた方が愛と呼ぶ力の本質なのだ」

突然愛の話となったので驚いた。

しかし、たしかにこの集落には真の愛が成立しているし、それを成就させているものはＨＡなる力に違いない。

私はあの宇宙空間を思い出した。「神は愛である」という言葉があるが、あの宇宙空間はまさに「宇宙は愛である」体験だった……

私は彼の言葉を単に愛の本源がＨＡであることに気付かせようとしたのであると思い込みながらそう考えていた。そんな私の脳裏に、ある文字ビジョンが飛び込んできた。

それは、『愛《ＨＡ》』という文字であった。

まさか……

「その通りである。我々の神聖言語《フォース》『ＨＡ』は、愛をも表す言葉なのだ」

私は後に、古代の日本では「愛《は》しき妻」（＝愛する妻）「愛《は》しき妹」「愛《は》しき家」などという表現が、実際に用いられていたことを知った。『愛《アイ》』は本来、中国語であり、外来語だ。それ以前には、愛を表す言葉はこの先天音、ＨＡであったのだ。

ＨＡとは、愛を成立させる原理でもあることが、彼らの言葉には刻まれているのか。

彼らの言葉はいったいどこまで深いのだろう。たった一音が、人間とは何か、いや宇宙とは何かさえ語り尽くしている……

これは、人間に不可欠な哲理は究極的にたった一つにたどり着くということでもあるのかもしれない。

愛と言えば、現代人は、愛を手に入れることを求め、多大な時と労力を費やすにもかかわらず、実らずに苦悩している人があまりに多い。

求めるほどむしろ憎しみや孤独しか得られず、苦悩をかかえている現代人……それに比べ、彼らの間では、何の意思も用いることなく完璧な愛が成立している。

その違いがどこから来るのかを、私は今目にしているのだ……

その力こそＨＡＲＩ《フォース》だったのだ。

現代人は、愛というものを感情や意志レベルのものと思い込んでいる。

そのレベルでしか認知できず、そのレベル（思念）でそれをつかもうとしている。だが、ここにいると、真の愛の成立は、そうしたレベルを超えたものであることが、自ずと明らかになる。

彼らは、私たちが求めても求めても得られないでいる人間の核心、いや宇宙の核心をつかんでいる。彼らの愛は、たしかに物理原理《フォース》なのだ。

彼らは意志を超えた絶対的なレベルでそれを実現している。彼らの愛は、宇宙根源の調和力と一つになる魂の宿った物理なのだ。

現代人は、人から愛されたいと思いながらも、その絶対力《フォース》に出会うことなく、人間の力でそれをつかもうとしている。

現代人には様々な矛盾や葛藤がある。過去を後悔したり、未来に不安になったり、そんな不統一な心に至るほど、物事はうまくゆかなくなる。そうして悪循環が繰り返される。それを超える力が何からどう生ずるのかを、現代人は知らない。

これを根本で決定付けているものは、現代人が考えてきた思念次元の力ではなく、イメージ力でさえもない。

私たちは、念の力によって物を動かしたりする超次元的な力をすごいと思ったりする。しかし、彼らを見ていると、いかにそれが超人的であろうとも、そのような力では人は幸せにはなれないことに気付かされる。

なぜ彼らは私たちの最大の念願である完全なる調和を実現し得るのか。彼らは精神論も思念力も必要としない。宇宙との連動スイッチがどこにあるかを知っているのだ。

現代人は現象界の力（思索や思念も含む）によって現象をコントロールしようとし、個人的思念を酷使する。太陽系が完全調和しているのは、惑星の努力や計算によるのではない。なのに、私たちはそれを計算や思念で成立させようとする。

彼らは、自身の意思で一つ一つを操作する必要のない自動運転領域が存在することを知っている。そこに参入すれば、すべてが思いのままに流れる領域《ゾーン》がいかにして生まれるのかを彼らは知っているのだ。それにより、必要なすべては成就している。

私たちも時に気のいい場所という表現を使う。気が良ければ何でもうまくゆくと、経験からはそう思ったりする。しかし、それがどう成立するのかを知らない。

彼らは社会においても、宇宙本来の力により、一つの完全体としての社会をまるごと成就させている。そうでない限り、争い０の世界などという奇跡は不可能なのだ。

「集合体を統括する力というものが、宇宙には初めから存在するのだ。
もしもそれがなかったとしたら、生命は存在しないだろう」

科学的分野の世界では、原子などを結合させる力が働いていることが認められている（たとえば「ｉｎｔｒａｍｏｌｅｃｕｌａｒ　ｆｏｒｃｅ＝分子内力（原子を結合させる力）」）。これは、単に結び付くだけでなく秩序ある活動をもたらす力である。人間にも宇宙の存在である以上、「我々の周囲に満ち満ちて我々を結び付け」るこの力が潜在的には存在するのかもしれない。

「我々の原理の理解は、理解自体にも価値がある。
人間の宇宙への認識の転換は、それ自体が、未来への影響力をもつからだ。この宇宙には、あなた方の段階からその段階へと到達した知性体が無数に存在することを肉体を超えた存在としての私は知っている。この領域に到達した存在同士は、空間を超えて互いに通じ合うことができるからだ。この段階の突破は、宇宙的時代への参入ともなる。時が来たら、その真相も伝えよう」

彼は私が知りたいと思うことのすべてを知っている気がする……
おそらく彼は、地球という枠組みさえも超えた次元にあるのだろう！

『ハレ』こそがフォースだった

私たちの社会が完全調和の楽園となることは、今の私たちにとって奇跡でしかない。

だが、その奇跡へと至れるに違いないという核心が、彼らを見ていると生じてくる。
私は、目の前の景観のような、どこまでも光が行き渡るような気持ちになった。
はれやかとは、こんな気持ちを言うのだろう。
そうだ、『はれやか』は『はれ』からきた言葉のはずだ。
『はれ』はＨＡＲＵと同一起源の言葉ではないだろうか。筋肉がハルという表現があるが、筋肉のハレという表現もある。

「その通りだ。ＨＡＲＥこそ、今回、あなたに伝えるべき我々の神聖言語《フォース》の核心なのだ」

彼がＨＡＲＥと発声すると、一面に光が行き渡るように感じられた。空間のすべてを輝かせたかのようだ。それは、ＨＡとＲＥをそれぞれに力強く発声し、先ほどのＨＡにさらなる力が加えられたように感じられた。

「我々の神聖言語《フォース》の基礎原理をあなたに伝えたのはそのためでもある」

それほど重要な言葉がまだあるというのか。

私はHAREという言葉についての自身の知識を思い出そうとした。

そうだ……

現代の私たちは『ハレ』という言葉を、お日様が照っている状態の天気を表す言葉として用いている。だが、古代では、そうではなかった。どんよりと曇っている状態から、雲がなくなり、すがすがしく晴れ渡る変化が『ハレ』であった。

この現代人には認識し難い概念はどこから来たのだろうか。


「この言葉は、HARIなる言葉の兄弟語だ」


兄弟語?

そういえば、HARIもHAREも、HARUの活用形だ。

そうだ!

私は重要な事実を思い出した。

日本には、古来、『ハレ』と『ケ』という概念がある。

『ハレ着』という言葉があるように、現代でも『特別な時』を『ハレ』と言う。

この特別な時というのは、儀式や祭りの時だ。

私たちの儀式や祭りの本来は、新たなＨＡＲＩ形成であることを私はここで学ばされた。

そうか……私は思わず息を呑《の》んだ。

古来日本人が重んじたものでありながらも、現代の私たちにはとらえどころがなく、漠然とした感覚でしか認識できないでいるこの『ハレ』とは、もしや……

「その通りだ。

あなた方も日本人の心の世界の核心であろうと気付きつつあるこの『ハレ』なる言葉が真に意味するものこそ、ＨＡＲＩ《フォース》なのだ」

なんということだろう。

ハレが彼らのこの原理であったとは！

ハレとは何か、それを、こんな流れで知ることになろうとは。

民俗学の上では、気が低下した状態（けがれ）を、『ハレ』によってあるべき状態に戻すという考え方が、日本人が最も重視してきた認知であると考えられてきた。

私は、今まで知らされてきたことが何であるかを悟った。

そういえば、私の祖母の年代の人たちは、ハレの日とそうでない日との仕切りが非常に明確であり、それを犯す行為に厳格であった。私も何度かしかられたことがあるが、ハレの日にいかにあるかでその後が決まるという認識が古来の日本社会には濃厚に維持されていた……

「あなた方は、いかにしたらHARIを形成できるのかを忘れているが、その形式的伝統は、引き継がれているのだ。

HAREは本来、HARIを形成させるために我々が用いた言霊であった。

HAREとは、HARIにE《エ》なる先天音が付加された言葉だ。

我々は、空間に様々な働きかけをする時、『E《エ》』という先天音を用いるのだ」

彼の『E』という響きは力強く、あたりを一瞬で躍動させたかに感じられた。

目覚めさせられるような実感が私の中を走った。

「この先天音は、物事の成立を促す先天音であり、我々は、空間形成の際にその成立を補助するためにこれを用いるのだ」

私は、かけ声の『エイッ』が、自身を統一させて何かに向かう時のかけ声であることを思い出した。そういえば、儀式の時、男たちのかけ声も、『ハール、エッ』と聞こえていた。

そうだ、私は古代の巫女舞を学んでいた経歴があるが、その型の中にも、『エッ』という発声が受け継がれており、物事の実現と関係していた。


「我々が先天音『E』を用いていた証は、あなた方が現在、命令形として理解している言葉に刻まれている。命令形は本来、この先天音『E』から生まれた。

その変化の始まりとなった言葉こそ、『HARU』に『E』を用いることで生まれた、この『HARE』なのだ。

一音で一つの意味を表す我々の祖先の言葉には、活用語は存在しなかった。活用語は、複数語の結び付きで生まれたのだ」


命令形がE音で終わるのは、そのためだったのか……

それにしてもハレが彼らの神聖言語《フォース》であったとは……『ハレ』は、日本の民俗学上、最も重要なテーマとされ、その解明は、日本人の心の解明そのものとさえ考えられてきた。

私が最も知りたかった縄文のこの完全なる調和をもたらした原理。それがハレの起源であったとは。

学問の世界では、古代日本人がハレなるものによって幸せになることができるのだと信じていたという、信仰という観点でこの言葉をとらえている。だが、彼らのそれは、信仰というような、信じるか信じないかのレベルのものではない。

これは、実際に人間を真に幸せにする。実在の原理だ！

しかも、半端ではない究極の力だ。

私たちがそれを信仰だと思っているのは、私たち自身が無知であるからなのだ。

私は今、その証拠をつきつけられているのだ。

西洋社会では、キリスト教による愛という思想が調和的社会のためのよりどころとなってきた。これと同じほどに、日本人のよりどころであったもの、それがこの『ハレ』だ。

ただこれは、現代的な思想とはあまりにもかけ離れているため、現代人には理解できない次元にあったのだ。

愛という観点だけにしぼってみても、これは私たちの知る、倫理的な愛をも、博愛的愛をも完全に凌駕している。それだけではない。これは人間の幸福に不可欠なことごとくを観念理解を超えて直接的に把握させてしまうおそるべきものだ。

キリスト教の愛は思想と言えるだろうが、これはもはや思想ではない。

空間テクノロジーとでも言うべきだろうか……

彼らの力は気功のような力とも違う。宗教をも、科学をも超えている。

私たちのごく日常の言語にその未知の力が用いられていた証が、否定の余地を許さないほど無数に刻まれていることを、私たちはどうとらえたらよいのだろう。

この叡智を、このまま眠らせ続けてはいけない。そんな子孫としての思いが押しよせてくる。

「我々は、あなた方すべての、時を超えた親である。

孫は子以上にかわいいとあなた方も言うが、子孫としての距離が離れるほど、ＨＡする力は大きなものとなる。子孫とは、そういうものだ。

これは、あなた方側からも同じだ。

あなた方が我々に繋がることは、最大のＨＡ《愛》との出会いとなるだろう。

我々は、あなた方を見守り続けている。

いや、あなた方を見守り続けているのは我々だけではない。我々の次元に至ったすべてと手を取り合うことができるのであることをあなた方はまだ知らない。

あなた方の学問や認識能力では、我々の世界をとらえることは不可であることを我々は知っていた。だが、進むべき未来のためには、あなた方を我々に繋げることが不可欠だ。そのために我々は、我々側から歩みより、こうして我々に近い扉をもつあなたを通し、我々の世界を明らかにすることを決めたのだ」

運命とは不思議なものだ。縄文については関心はあったものの、それほどの知識があったわけではない私が、謎でしかない彼らの世界をこんなにも知ることとなろうとは……

さらにはその縄文世界がこんなにも衝撃的な原理を隠し持っていたとは。

これはまさしく実在するユートピアだ……

この否定のしようのない無数の証拠をつきつけられたことは、奇跡としか言いようがない。

フォースによる高次能力の発現

「あなた方は今、今までにない節目にある。

節目は、創造にも破壊にも転ぶものだ。

それゆえに、時を超えた介入の門も節目には開かれるのだ。

この介入が活かされるかどうかは、あなた方にかかっている。

あなた方は、我々とは違い、様々な文化を作り上げ、人類としての発展のさ中にある。あなた方が我々と同じこの場《フィールド》を作り上げたならば、あなた方の社会は、一挙に楽園へと変わるだろう。

社会だけではない。

この場《フィールド》では人間の意識は、個人的にも統一状態に導かれるが、それは同時に、今のあなた方には想像できないほどの覚醒をあなた方にもたらすことになる。

HARI空間《フォース》は、あなた方を個人的集中次元を超えた集中次元へと導くからである」

個人的集中次元を超えた集中次元？

たしかに彼らは私たちにはない独特の集中力を持っているよう思う。

私は、現代の音楽家などがフローと呼ぶ集中意識状態のことを思い出した。作曲家は、フローに入ると流れるように新しい曲が浮かぶようになることが知られている。

そうだ……スポーツ選手がゾーンと呼ぶ状態も、高い集中状態の時に発生する。様々な道を極めた人が体験するこの個人の通常能力や限界点を超えたと思われる現象は、呼び方は様々だが、本質は自身が通常の個人的集中レベルを超える時の現象なのではなかろうか。

そういえば、私の思春期の時の超感覚体験も、それまでにない集中意識に至った後、生じるようになった。

「その通りだ。

あなた方が集中と呼んでいる状態の多くは、単に思考的注意力の集中だ。

だが、あなた方も希《まれ》に、空間体次元の集中が同時成立することがある。前者と後者は別現象だが、前者に特定の条件が加わると後者を誘発する。前者と後者の違いは、前者は現象に影響を与えないが、後者は現象界に直接的に作用することにある。

統一空間内では、人は自ずとこの状態へと導かれるが、逆に言えば、統一空間の成立にも、この次元の集中力が必要なのだ。

生活空間をこの集中状態に集団で引き上げる行為を我々は定期的に行っている。それが我々の儀式だ。

糸電話は、糸がピンと張った張りのある状態でなければ声が届かない。

統一空間は、全空間にそれが張られているのに似ている。

それにより中心なる力はすべてに及ぶのだ。

この原理を、我々はＨＩＫＩから学んだのだ」

またも彼は私がこの空間に直感していたことを、明確に確信させてくれた。

その、糸がピンと張られたような空間が真のハレなのだろう。

この集落に来てから、私の直感は、ことごとく的を射ている……この空間がそうさせるに違いない。それだけではない。私の中には不安なものが一切なく、すべてが感謝の対象に感じられている。その感謝の意識も、通常の個人的な感謝の次元を確実に超えている。すべてがありがたく感じられてならない……

そうか、彼らは自身の集中空間《フォース》の実現によって外的集中空間《フォース》を形成しているのだ。

自身が変われば世界が変わるという言葉を聞いたことがあるが、それは単なる自己変革では不可能なのだ……

「統一空間原理のすべては人間の存在そのものに内在している。我々は、それを自身に形成できたがゆえに、この世界は実現したのだ。

今あなた方の世界は、人間の雑思念によって糸のたるんだ糸電話のような状態にある。それが、すべてを繋ぐ力を失わせ、調和を失わせている。

我々の儀式は、いわば、人間の集合体によるＨＩＴＯＫＡＴＡ形成だ。このＨＡＲＩ空間《フォース》内では、あなたも今体験しているように、いわば万物が最高次元のゾーンに入るのだ。

我々にとって調和とは、その一つの結果にすぎない。

あなた方は、我々と同じこの場《フィールド》を予想よりもはるかにたやすく実現できたと過去を振り返る時が来るだろう。一定数の人々が空間体を形成すれば、全体が必然的にその成立へ向かうものであるからだ。あなたはそれを先導する必要がある。

　あなた方が、我々以上に超感覚的な能力を通常とする時代は、必ず来るのだ」


私たちが彼らの力を超えるなど、今の私には想像もできない。

だが、私は夢の中の未来の人々を思い出した。彼らにはたしかに超感覚的な力が感じられた。

私も今、自身の形成法を理解している……

統一空間力《フォース》は、個人を実現させるだけの相対的な力ではなく、万人万物をあるべきように実現させる、私たちの今までの常識では考えられない超時空間的な力だ。

　私は、スター・ウォーズの中で語られるフォースの概念が彼らの空間力に近いことを思い出した。スター・ウォーズでは、現象界を超える力であるフォースは、万物に働く力であり、人間固有の力ではないと語られる。映画の中では実際には個人的な超能力であるかのように描かれるのは、娯楽を目的としているからであろうが、それに対し、この彼らのＨＡＲＩ《フォース》は、その語られた通りの個を超えた力そのものだ。

　あの映画の登場人物たちは「フォースと共にあらんことを」というセリフを繰り返し、その把握を理想としている。だが、この縄文の人々は、それを理想ではなく実際に把握している。

それゆえに、この調和を実現できたのだ。事実は小説よりも奇なりと言うが、まさにその通りだ。未来の地球には、「生きとし生けるものすべてを包み込み、流れている」（フォース感応力をもつ1000歳を超える女性、マズ・カナタの言葉）真の『フォース』と万人が共にある超越的な社会が本当に実現するに違いない……

私は、天上の存在が語った「種子は未来を先取りしている」という言葉を思い出した。

人間の空想力は、しばしば真実を象徴的にとらえる。映画や小説として描かれたことが未来や歴史上の真実を射止めていたという実例は、昔から多数ある。

彼はこの映画のことも、物理用語としての要素も、すべてを感知しているのだろう。いや、その前に、このような流れの全体が、歴史の力によるのかもしれない。

「この力の把握は、現代のあなた方にとっては手さぐりのようにしか感じられないだろう。最初は明確さを提供する二元的認知は、どこまで行っても全体を明らかにすることはできない。だが、最初は漠然とした感覚でしかとらえられないであろう空間体の把握は、いずれすべてなるものを見る明確な目を開かせる。

宇宙は、その目と共にあなたと共動するのだ。

空間体の把握と無限なる目の把握は、同一なのだ。

あなたがすでにその過程を経験しているのは偶然ではない」

縄文語と宇宙原理

「我々のフォース言語――AMA、HAREなど――は、大陸への移住民の祖先を通して西の地へと伝えられ、世界的に伝播した。

その一部は他民族にも広く浸透し、我々の神聖言語《フォース》は人類規模の神聖語の起源となった。血縁的にも、我々以前から我々の仲間は大陸に移住しているため、我々の子孫の血は様々な民族に混じり、地球全土に及んでいる。そのため、抜きん出て深遠であった我々の精神性は、後に無数の民族の宗教文化の核となった。

我々にとって、人類の全体が我々の霊的子孫なのだ」

日本の範疇《はんちゅう》で考えていた私は、長老の言葉に驚いた。

しかし、そうであろう世界の古代神聖語が、脳裏に次々に浮かんでは消えた。

すでに直感されていた読者も多いことだろう。

「この、山の端に包まれた空間《MA》を見渡すがよい。

我々は、円形に包まれたこの空間に育まれたのだ。

あなた方がこの国の象徴として用いる円は、我々にとっても、我々を包む子宮空間の象徴なのだ」


たしかにここにいると、円的な力の場のようなものが歪みなく形成されているのがわかる。

日本人の円を愛する心がこんなにも古い時代からのものであったとは……

そういえば、円に関わる日本語はMAから始まる言葉が多い。

まる、まわる、まわり、まく、まり……

円を表す言葉自体が、MARUだ。

日本元来の円を表す言葉、MARU……

そうだ、彼らの言葉は一音で一つの意味を表す。

偶然だろうか？

空間である『MA』に活動状態語である『RU』が付加されたこの言葉は、空間が活動状態《MARU》にある意味である。

この集落の空間は、生きていると感じられるが、彼らにとってのMAは、まさに命そのものだ。そしてその命は、コマに象徴される原理で成立していると彼らは認識している。

これは、すべては空間スピンから始まるというシュメールの宇宙スピンの叡智（『ガイアの法則』を参照）の源流の言葉かもしれない……

そう思いながらも、私は片方では、ここまで一致するだろうかという疑いが生じた。


「我々の先天語は異なる意味を表しはしない。

あなたもすでに理解しているように、我々は、空間を活動体として認識する。

我々にとってMARUとは、形ではない。

MARUとは、活動であり、力なのだ」


彼のMARUという発声は、アクセントの上でも現代の私たちのそれとは異なり、空間の活動をリアルに感じさせた。


「あなた方は他にも我々の神聖言語《フォース》MAを多数受け継いでいる。神聖なるがゆえに、MAは大切に用いられ続けたのだ」

驚きがさめないままの私の脳裏に『MAFU』という言葉がやってきた。

ＭＡＦＵ……

ＦＵは彼らの言葉では接触を表すから、『ＭＡＦＵ（舞うの古語）』は、空間とのふれ合いや合一の意味となる。こんな偶然があるだろうか……

私は、縄文のストーンサークルの周りは、土が固く踏み固められており、それは集団で何度もそのまわりを踊り続けたからだろうという、研究者たちの見解を再び思い出した。

「偶然ではない。

我々は、空間に働きかける行為全般をＭＡＦＵと言う。

我々は、冬至だけではなく、他の節目や人の生死においても、あなた方の目で見れば、皆で舞うことで、命ある空間を実現させていた。これは、我々にとって、あなた方のそれとは、まったく別次元の行為なのだ」

まさに彼らの世界だ……

私は今まで様々な言葉に関する説を見たことがあるが、ここまで究極の世界は見たことも聞いたこともない。しかも、その全体が完璧なまでの統一原理で成立している。

しかし、ここまで完璧に宇宙の原理と合致しているのは、不思議としか言いようがない……

「これは意図的なものではない。

自然成立だ」


こっ、これが自然成立？


「そうだ。自然界の原理に忠実に生活した我々の祖先の世界では、言葉も、幼児の体が完璧な機能体に成立するのと同様、自然界の原理のままに完璧な構造に自然成立したのだ。

あなたが不思議に思うのは、人体機能の成立が不思議に感じられるのと同じだ。

人体のもつ完全なる機能性は、まるで計算して作成したかに見える。

いや、どんなに計算しても不可能な完璧さであることをあなたもご存知のはずだ。

我々の言葉もこれと同様なのだ。

幼児の体が健康体であるように、これは天が与えた叡智であり、教科書なのだ。

いかに小さな存在といえども、この宇宙の諸存在は、その奥で全体に通じ、全体と同じ構造性をもつ。

我々の言語もまた完璧な小宇宙なのだ。

ゆえに先天音は、我々を健全な存在、すなわち、小宇宙そのものに保たせる働きがある」

私たちの日本語の大元が、こんな宇宙のような言語であったとは……

そう思っている私の脳裏に、またも一つの言葉が浮かんできた。

それは『MAHARU』という言葉であった。

そうだ、円といえば、円運動を意味する古代日本語は『MAHARU』ではないか。

『まわる』という言葉は、古語表記では『まはる』と書くが、これは、太古には実際に『まはる』と言っていたからだ。

MA＋HARU……

（この後、私はその意味以上の驚くべき事実を告げられたが、それについては続編に譲りたいと思う）

「いかに小さくとも、それが小宇宙として成立する限り、それは宇宙の法則すべてを内在している。

小間《KOMA》はそれを象徴している」

小間《KOMA》……

彼が送ってきた文字ビジョンに私はまたも驚いた。

KO……

この言葉も漢字伝来以前の言葉だ。

KO・MA……

あまりにも的確に彼らの認識そのものだ。

私は長老の言葉を思い出した。

「我々はこの小さな球形存在に、子宮空間の象徴を見るのだ」

彼らがコマとして用いる木の実は、いずれ木という大きな宇宙を形成する。その意味でもまさに小さな宇宙空間だ。

しかし、あまりにも的確にその意味を表しているため、私はまたも疑ってみたい思いにかられ、コマは朝鮮から伝わったから朝鮮の国名である高麗なのだという説を記憶の引き出しから取り出した。

「ＫＯＭＡという言葉は、我々の時代から用いられていた。コマは子供たちの遊び相手でもあるため、我々の祖先の時代には地域によって様々な愛称でも呼ばれていたが、我々の用いるＫＯＭＡが、通用語としては用いられていたのだ。

高麗がコマとなったとするあなた方の視点は、土器がそうであったように、文化は大陸から来たとする先入観からきている。大陸にコマが生まれるはるか以前から我々にとってコマは神聖物であった。この事実は、あなた方も我々の出土品からすでに明らかにしつつある」

彼が言った通り、私は後に縄文の出土品からコマのあった形跡が見つかることを知った。コマがありながら、名前のないままにそれを用いるなどということはどう考えてもあり得ない。それに、彼らにとって神聖物でもあるそれを他国の国名にわざわざ置き換えるだろうか。冷静に考えると無理のある説であることがわかる。

縄文土器がシュメールの土器よりも古いという勇気ある主張が世に出た時にも、それに猛反発して罵倒した専門家たちがいたし、その意見に動かされて真実を知る機会を失った人々が大

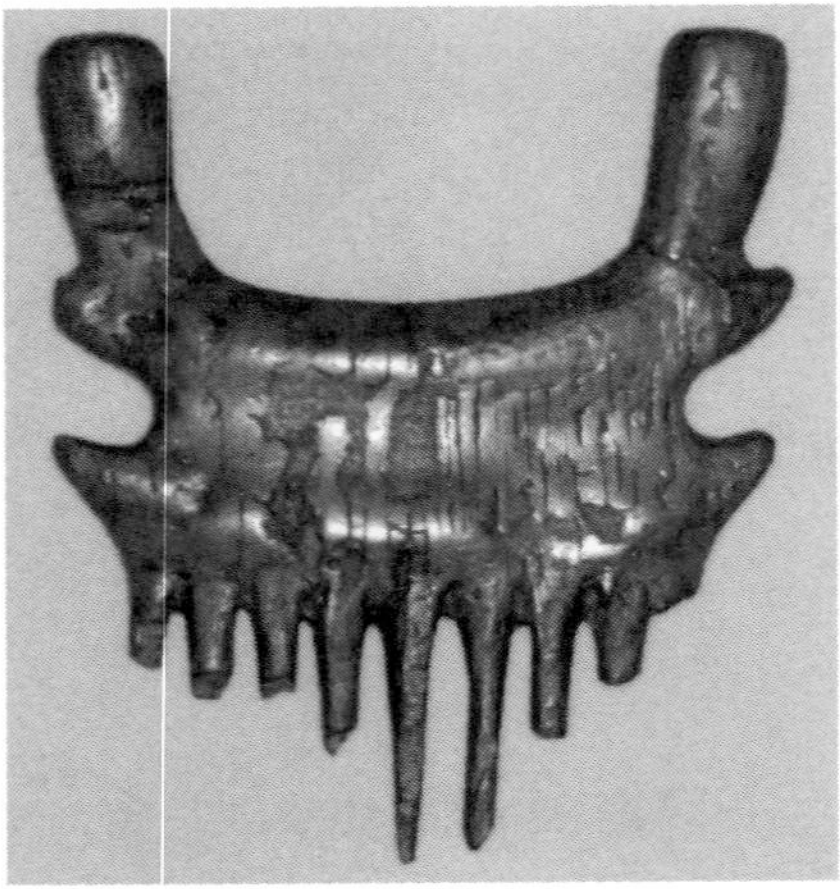

漆の櫛（6000年前）

半だった。

いつの時代にも真実には多数意見に惑わされないだけの強い直感力が必要なのだ……

そういえば、漆《うるし》にしても、長い間、大陸から渡って来たものだと学者たちは信じていたが、様々な世界最古の漆製品が縄文遺跡から発掘されるようになり、日本列島で生まれたものであることが明らかになっている（ちなみにその色も、太陽を表すと思われる朱の色だ）。

「小間《KOMA》は、ＭＡの全原理を内包する。

我々の祖先は、あなた方の子供がコマに興味をもつように、この自ら動き続ける存在の神秘に着目した。命なるものの核力が、存在自体にあることをこれを通して直感したのだ。

我々がＫＯＭＡを命の成立と魂の自由の象徴としているのはそのためだ。

その歴史は、我々よりもはるか古代に遡るのだ」

私の中に子供の頃、待ちに待ったお正月に家族とコマを回した思い出が甦った。

昔の日本人にとって、新年といえばコマを回すものと決まっていた。

もしや、この風習も……

そのことを思っていると、集落の子供たちが大人たちとドングリのコマを回しているのが目に入った。新しい年の始まりの幕開という雰囲気に時代を超えたものを感じた。

「我々は、木の実を植える際にも、その実を回すという象徴行為を行う。これは生成力の発現を願って行うのだが、同じくすべての始まりである冬至開けにも、万物の生成力《HARI》を願い、同じことを行うのだ。

あなた方のコマへの神聖観は、決して大陸由来のものではない。大陸のコマの起源自体が我々のＫＯＭＡにあるのだ」

ヒモロギの秘密

回転させた木の実から芽が出て、その芽が成長してゆく映像が私の中に一瞬広がった。

その成長した木は、ヒモロギとなり、古代の巫女たちがそのヒモロギを中心に舞いながら周回するビジョンが見えた。

まるでコマのようだ。もしや、ヒモロギとは……


「その通りだ。

ＨＩＫＩは、ヒモロギなるものの原点でもあるのだ」


私の中で衝撃が走った。

ヒモロギとは、古代日本の宗教世界における最も中心的な象徴物だ。中心となる霊力を降臨させ、宿らせる木のことであり、日本の祭事の中心を担ってきた。古代の巫女舞も、ヒモロギを中心に舞われた。古代儀式のことごとくがヒモロギを中心に行われてきたと言っても過言ではない。なぜこれほど徹底して日本人は中心に神聖なる木を設定するのか、私は疑問でならなかった。

私は昔、神道の専門書にあった、古代日本人は木を神として木を中心に祭りをしていたためにヒモロギ信仰が生まれたという記述にふれ、そのニュアンスが、木というものを神として信じていたというニュアンスであるのを疑問に思ったことを思い出した。人間の信じる対象は一人の中でも変化する。単に信じるだけでこんなにもゆるぎない歴史が生まれるのだろうかと思ったのである。

しかし、すべては、この究極の対象の一側面であったのだ。

ハレといい、ヒモロギといい、別々なものと思われていたこれらの本質は一つだったのだ！

今まで、日本人の心の核心とされるものは、それぞれの専門分野の枠組みの中でのみ特定され、探究されてきた。民俗学ではハレが、宗教学ではヒモロギが、考古学では立石がというように、それぞれの枠組みの中でそれぞれの対象がまったく別個の対象として理解され、扱われてきた。

ちょうどはめ絵パズルの一枚一枚のように、全体で一つの世界を構成した時、その全体が何を意味するかが初めて見えてくる。その一つ一つの真の意義も見えてくる。その完成された絵を、私は今、見せられているのだ。

言葉にならない思いがこみ上げてくる。

しばらくして我に返り、考えた。

そういえば、このヒモロギという言葉は、ＨＩＫＩにモロが付加された言葉ではないだろうか。後の時代にＨＩＫＩの意味を強調した言葉なのかもしれない。

時の環《わ》に生きる

「我々は、空間と同様、時というものを畏敬した。

我々は、空間に命を見るように、時にも命を見るのだ」


私は縄文の遺跡配置がカレンダーとしての構造性をもつのではないかと直感したことがあったことを思い出した。


「我々にとって、集落は、カレンダーでもある。

日の出の時のＨＩＫＩから伸びる影の位置によって我々は一年の正確な節目をとらえる。

生活の場そのものが時計であり、カレンダーなのだ。

あなた方の数字計算によるカレンダーは、宇宙のリズムに一致していない」


彼らは太陽の運行と完全に同期して生活するのか……。

（私は後に彼らの集落構造をヒントに宇宙の運行に完全に合致するカレンダー『縄文暦』を作

成し、２０１７年から毎年実用可能なカレンダーとして作成しているので参考にされたい）

「太陽《ＨＩ》は、一年をかけて広大な範囲の命を束ね育む。

中心なるものは、時をも環《わ》なるものにするのだ。

環には終わりはない。あなたは我々の存在感に、このＨＩＫＩのように長大な時を生きてきたかのような気配を感じたはずだ。

中心なるものを知る我々は、個の存在としてのみで生きることをしない。我々は、中心なる無《0》ゆえにすべての存在たちと共に生きている」

彼らにはたしかにはるかなる命の気配のようなものが感じられる……

「このＨＩＫＩも、いつかはその形を失う。しかし、形の上で失われた後も、この子宮空間を維持する以上、ここには永遠への扉が宿り続ける。

子宮空間は、有限なる存在を永遠なる次元に結ぶ力の場なのだ。

我々の子孫は、ＨＩＫＩが失われた後は、その子孫を同じ場所に植えることでＨＩＫＩを受け継がせたが、後の時代には中央に空白の空間を設けることで聖なる中心を畏敬した。

石柱が作られるようになった後の時代には、中央に大きな石柱を作ることで中心を畏敬した地域もあった。通常は石柱の下には祖先を土葬したのだが、中央の石柱の下が大地のみであるのはそのためだ。それは、すべての祖先を意味する石柱であるからだ。

我々のこのＨＩＫＩは、あなたの時代から数えて３万６２００年前の我々の祖先が畏敬したＨＩＫＩの子孫であり、我々は我々の祖先を見守り続けたＨＩＫＩと同じ意識のＨＩＫＩに見守られているのだ」

なんというスケールだろう……

振り返れば、私の知りたかった謎が、今、まるごと明らかになっている……

縄文土器や縄文土偶の意味。

縄文集落や縄文住居の共通構造。

ヒモロギやハレのルーツ。

注連縄や大黒柱、梁などの原点。

それに、超古代日本語の深遠なる力と意味……

ことごとくがたった一つの原理によって明らかになっている。

しかも、私が何よりも人類の一人として知りたかった「人類はなぜ争いを克服できないのか」の答えを、私は今、自ずと理解している。

私は最初にあの遺跡のストーンサークル中央に感じた、すべての秘密を握っているかのような印象を思い出した。冬至には毎年のように何かと出会ってきたが、この2012年の冬至はそんな私にとっても特別なものとなった……

私は今、日本人が知るべき究極の真実に出会っているのかもしれない。

いや、これは、日本人どころか、人類として知るべき究極の真実かもしれない。

フォースによる自由

「HIKIは、中心を抱き続け、それにより自立する。

KOMAも自らの中心を抱き続け、それにより自立する。

その自立こそが、創造を生む。

人間も、同じだ。

人間も中心なき限り、依存対象をどこかに求め続ける。

その依存は、他者にも自身にも不要な摩擦としがらみをもたらす。

あなた方の社会に見られる摩擦は、すべてがその結果だ」

そうだ……私たちは自身を守るためにいつも何かに依存している。

私たちの知る範囲での人類は、昔から、城壁などの枠組みを設定することで安らげる世界を作ろうとしてきた。

私たちにはあたり前の法律や国境、あるいは権力も、この枠組みが発展した見えない枠組みだ。それらがなければ自身を守ることができないと私たちは考える。

だが、彼らの世界には、これらがない。

世界の古代遺跡からは、ほとんど例外なく周囲と生活区域とを仕切る仕切り（城壁や囲いのようなもの）が発見されるが、縄文はその点でも古代世界の例外である。縄文の遺跡からは、それらがまったく発見されないのだ。

人間には何かに仕切られた（囲まれた）環境にないと安心できない心理が潜んでいるが、彼らには、その心理自体が存在していないように見える。

この上ないＭＡに包まれた彼らは、もはや有限なる壁を築く必要を感じないのだろう。

この絶対的な安心感をもたらす中心なる力が不在の私たちは、枠組みにすがらざるを得なくなる。軍事兵器に莫大なお金を投じることなど、彼らから見たら、信じ難いほど愚かな行為だろう……

私たちの社会は、今や仕切りと枠組みであふれかえり、それでもさらにそれらを必要としている。

この人々は違う。

ここには、自然界との間にも仕切りが存在しない。

そうだ、彼らは宇宙と同じだ。

宇宙に囲いはない。宇宙は、枠組みとは真逆の原理で成立している。

宇宙には無数の固有空間が存在するが、それらは、太陽系がそうであるように、囲いという外側ではなく、中心への内向力のみにより、その固有性を生み出す。その内向力による軸（中心性）の成立は、その共鳴力を通し、完全なる独立性と同時に、他との完全なる共和性をもたらす。

彼らの社会は、宇宙と同一なのだ……

「あなた方の世界は、国家という幻想により、争いを作り上げている。

大地には仕切りは存在しない。

あなたは、あなたの社会の人々がいとも簡単に社会権力に洗脳され、操られてしまうことに失望してきたはずだ。また、それをどうしたら克服できるのかを知りたいと思ってきたことを我々は知っている。その理由もすでにおわかりのはずだ」

たしかに私は今、理解している。洗脳支配の裏にあるものは枠組み心理と依存なのだ。自立力のない依存心理の個人は、コントロールされていることにさえ気付くことができないのだ。

「我々には社会的洗脳が存在しない。対立次元を超えた統一空間内では、存在による存在の支配は発生しない。中心不在の空間世界は、回転力を失ったコマ同様に外界の力に流され、またそれゆえにエゴへの依存が生まれる。すべての思想的支配は、本質では、中心力《フォース》の喪失から生まれる。不統一空間にあるあなた方の世界では、常にその中心ならざる中心、すなわち権力なるものが生じている。正しく見える正義こそが、あなた方をその力に引き込んでいる。真理というものは、善悪二元論を超えた統一次元にしかないのだ」

私はすぐにでも彼らのような社会を実現させたい気持ちになった。

「あせってはならない。

あなた方は原点に繋がる必要があるが、あなたの体験記の公表には、知識レベルの公表とは異なる意味がある。それは、我々とあなた方とを結ぶという時空の統一を意味する。この結びは、時が満たされるまでは進めてはならない。段階を経ることが必要だからだ。事をせいてはならない。

この体験について書くべき時が来たらあなたにはそれがわかるだろう。

それまでは、あなたの体を通し、磁力を通し、人々を育むのだ。

社会の変革は、たった一点の空間の成立から始まる。

その一点を確固たるものにするには時が必要だ。

まだ時は満たされてはいない」

0∪∞＝1

「万物は、すべてが中心なる力による統一体だ。

人間も、そして、人間社会も、それにより、自由存在となるのだ。

フォースを把握する時、あなた方は、自身の存在こそが、宇宙万物の奥義の書であることを知るだろう」

中心……

この一言の中に、いったいどれほどの真理があるのだろう。

中心を、私たちは点でイメージするが、中心とは、本当は面積0のはずだ。0・01ミリメートルの点であっても、マイクロスコープで見れば巨大な広がりだ。もっと小さな点でも、さらに拡大すれば中心ではなく、点で表す限り、どこまで行っても真の中心には行き着けない。これは、中心を存在的にとらえることが不可能であることを意味している。

コマは、私たちには表すことも認識することも実際には不可能な、この中心なるものの把握により、自立する。

宇宙の存在という存在は、この無なる焦点にすべてを集結させることにより統一体となる。あの巨大な太陽や、太陽系全体さえもそうだ……

地球上で私たちは大地に引き寄せられているが、その向かおうとする方向も、地球の真中心だ。地球のほぼ中心にある物質でさえ、さらなる中心に引き寄せられている。

私たちはこの力を重力などの存在主体の認識でとらえているが、存在は空間そのものの活動であるという前提、すなわち、彼らのこの真にユニバーサルな認識でとらえ直すならば、この力は空間自体の本質力であることに気付かされる。

中心力の本質は、物体の力ではないのだ……

「この宇宙は、すべてが、その『すべて』とは対照にある『0《中心》』によって成立している。相対性と有限性を超えたいと願う人間の求めは、無意味にあるのではない」

ここにいると、心も自ずとそれを成就する。

無念無想になろうとしても、私たちの心は雑念から抜け出せず、無にはなれない。だが、それと戦わず、中心に結ばれる時、心は自ずと無となり、一つに統一されるのであることがここにいるとわかる。

この無の次元では、すべてと出会っている気がする……すべてと繋がり合っている絶対的な安心感の中に私は今ある。

そうだ、古来、東洋の賢者たちは、『無』や『空《クウ》』といった言葉を究極の奥義を表す言葉として用いてきた。これらの奥義の裏にあるものは、宇宙そのものの真理だったのだ……

私たち現代人は存在を基準にものを考える。しかるにその存在追究の究極で、現代科学は、その存在として私たちが認識するすべては、実は存在ではなく存在として私たちが認識しているにすぎないという真実に行き着いている。私たちのこの世界の実相は、無の活動としか言いようのないものだ。

にもかかわらず、私たち現代人の生き方は、いまだ存在世界を基準にしている。

この、存在というバーチャル世界に生きている現代人に対し、彼らは、真の実相世界を焦点に生きているのであることに気付かされる。

彼らの言う『子宮空間《MA》』とは、まさにこの宇宙の実相だ。

マ、アマ、ハリ、ハル、ハレ、ハラ、ハス……私たちのこの時代になおも残されている彼らの言葉の遺産は、この実世界にあるためのあり方が格納されたタイムカプセルだったのだ。

彼らから引き継がれていたにもかかわらず、私たちが気付くことさえできなかったそのタイムカプセルを、彼は時を超えて開けてくれたのだ。

「宇宙は、存在という観点から見れば、それはあなた方が理解するように、無だ。

しかし、命という観点からは有なのだ。

物質に焦点を合わせるあなた方には、宇宙は、『無』から『有』が生じているように見えるだろう。

そこでは、すべては、はかない。

すべては、分離している。

すべては孤独だ。

その錯覚が、あなた方の物理学の基礎にある。

私はあなた方に理解可能な認識で伝えてきたが、空間《MA》というものを基準に見る我々の目には、この世界は、それとはまったく逆なのだ。

我々の目には、この世界は、空間という『実体』の上に成立しているのだ。

この子宮空間体のすべては、中心なる『0《無》』へと向かう性質をもっている。

その焦点力により、個、すなわち有限界の命は生まれるのだ。

我々にとって、存在とは、全包容的無の力だ。

そしてその力こそが、ＨＡＲＩ《フォース》なのだ」

全包容的な無の力。

私は、後に時を経るほどこの言葉の深みを知った。

理想郷は実現する

争いがまったく存在しないという驚異的調和性をもたらすこの驚くべき私たちの祖先のあり方は、宇宙や自然界の根本力をそのままに人間社会に導入する、人類という枠組みを完全に凌駕した原理の上に成立していたのだ。

制度やシステムといった枠組みで社会というものを考える私たち現代人には、人間社会というものがこんな成立のしかたをするということ自体が想像もできないだろう。しかし、燦然と輝く彼女たちの目の輝きは、それが実にたやすいのであると語っているかのようだ。

私は、この宇宙に宇宙を知ろうとする人間のような存在がいるのは、何か意味あることに違いないと若い頃から思ってきた。私たちの中には調和ある社会を希求する心があるが、その願いとそれとは無関係ではないという直感が私にはあった。

その接点を知りたくて、世界の様々な哲学や宗教、思想を探求したりもしたが、どんなに魅力ある世界を探っても、人類という枠内の論理にすぎないという失望に直面するだけだった。

最初は深いと感じられる宇宙を語る思想も、宇宙と人間とを完全に統一する根本原理に立脚しているわけではなく、次々に生まれる斬新的な思想もその例外ではなく、その原点が何かを提供してはくれなかった。しかし、私は今、予想外にも、人類の原点中の原点に、唯一、自身の内で感じ続けているその通りの世界を見た。

まさしく原点は、私を中心へと繋げたのだ。

統一場理論の歴史をもち出すまでもなく、一見異なる物理現象であってもその実はより根本的原理の一部であるという事実の追究は、物理学そのものの歴史である。それは言うまでもなく、宇宙そのものがその構造で成立しているからだ。

物理学は今もその探究の過程にある発展途上の分野である。物理学や社会学といった、近代的学問分野の範疇を超え、彼らはこの世界の究極の到達点にある最奥の原理を本能により把握していると思われてならない。

私の中に、あの夢の中の存在の言葉が甦ってきた。

〈人類は、一なるものから始まり、行き着くところまで進み、もう一度、一へと帰るのだ〉

一なるもの……そうだ！

彼らの時代から、私たちは最初の数をＨＩと呼んできた（ひ、ふ、み、よ……）。

すべてはＨＩからスタートするのだ。

彼らの言葉はどこまで奥深いのだろう。
私は老子の言葉を思い出した。

昔《はじめ》の一を得たる者、
天は一を得て以《もっ》て清く、
地は一を得ては以て寧《やす》く、
神は、一を得て霊に、
谷は一を得て以て盈《み》ち、
万物は一を得て生じ、
侯王は一を得て以て天下の貞と偽る。
其の之を致すは一なり。

（39章）

一《HI》はすべてを一つにする。
私は、人類の人類としての『一』について深く考えた。
人類と動物とを隔てる人類としてのスタートは、手作りの道具の最初である磨製石器の発明からであると考古学では考えられてきた。動物も道具は使うが、自然物の使用のみであるからだ。

その始まりは、地球上のどこからスタートしたのだろうか？

驚くことに、世界最古の磨製石器は、日本のこの同じ地域の約3万6000年前の旧石器遺跡（複数）から世界最古の円形集落跡と共に見つかる（同一年代の物が複数）。

言うまでもなく、旧石器時代は、人類としてのスタートである磨製石器をまだ発明していないことを前提とした時代区分である。

この孤島にのみ成立した彼らのこの世界は、人類の人類としての夜明け以前に樹立されていたのだ。

思うに、彼らの世界は、その後の人類の歩みの、種子であったという気がしてならない。

人類の歴史を研究すると、人類は、時代を遡るほど戦いというものが日常的であった。戦争のイメージによって、現代が人の手による死者が最も多いと思っている人もいるかもしれないが、人口比率で言えば、近年の戦争による大量の死者を入れても、現代のほうが太古の時代のその比率を大きく下回る。短期的には上下はあるものの、大きく平均化すると、時代を遡るほど人類同士は互いに争い、殺し合っていたのであり、ことに旧石器時代まで遡ると、至る所で人間の手による殺傷人骨が見つかり、現代とは比較にならない世界であることが明らかとなる。

人類史を展望すれば、意外にも現代こそ、最も平和に近づいた社会なのだ。

この、時代を遡るほど人類は争っていたのであるという事実は、考えようによっては、未来への希望と考えることもできる。これは、長い目で見れば、私たちは少しずつ調和に向かってきたということでもあるからだ。

花の種子は、発芽までは同じ形態を持続する。

彼らのＤＮＡを引き継いだシュメールにおける文明の発芽以降、文明社会は、芽を出した種子のように、次々と成長と変化を続けた。

その種子は、この地から飛び立ったのだ。

花の種子は未来のプログラムをすべて保有している。彼らの社会に潜在する原理は、まさにそのプログラムである気がしてならない。

人類は、実現できていないとはいえ、ずっと平和なるものを志向してきた。

私もそうであったが、私たちの中には、どこかに社会がこうなってほしいというビジョンがある。そこには人類共通の方向性がある気がしてならない。

未来への種子

宇宙が、中心なるものを抱くように、この人々も、中心なるものを抱いている。

円形形態の花の種子は、成長と同時にその形を失うが、成長に成長を重ねたその先端で、おしべという中心を内在させる花という円形形態を再び生み出す。そしてそれこそが、未来へと永遠《とわ》に繫がる種子をもたらす。

私は、長老がＨＩＫＩについて語った言葉を思い出した。

「このＨＩＫＩも、たった一つの小さな種から生まれる。

我々はこの小さな球形存在に、子宮空間の象徴を見るのだ。

小さな種子の、中心なる一点から芽は芽生える。中心なる力は、その中で働き続け、この神聖なる存在を成立させるのだ」

人類は、一つの命なのかもしれない……

桜の種子は、いずれ宇宙のような世界を確立させ、輝くような花を咲かせる。

その成長にはリズムがある。すべての葉を落とす冬は来る。その、枯れたかのような姿となる冬の間も、桜の木は、未来を静かに待ち続ける。

やがて極寒の中で、春は来る。その時を得て、桜は、満開の花を咲かせる。

あたかも不調和に向かうばかりに思える人類も、その実は、満開の光《HI》に輝く日を待ち続ける木に違いない。そんな確信が私の中に湧き起こる。

私は、はるかすぎる存在のようにも、身近な存在にも感じる彼女たちの存在感を、忘れまいと意識した。

彼女たちは自由だ。真に自由だ。

そして、限りなく幸せだ。

私自身も今、自由で、限りなく幸せであることに気付かされる。

ヒムカが見える。一点のけがれもない少女であると同時に、どこかに、何万年も生きているかのような叡智が感じられる。

個人を抜き超えたこの小さな少女に漂う包容力を忘れたくない。

別れの時

ヒムカが元気よく走っていった。

先ほどの出産を終えたばかりの小屋だ。

彼女は、その小さな子を抱きかかえた。

小さなその子を見る愛情に満ちたまなざしが、私の脳裏に焼き付いた。

子供らしく土の付いたその顔の土さえ、輝いて私には見えた。

この時代の人々の血は、誰のものも私たちの中に流れているはずだ。彼女の血も、私の中に流れているはずだ……

自身という存在が、かけがえのないものに感じられる。

「あなた方は、我々と一つになる時へと近づいている。

あなた方が求め続けてきた完全調和なるものは、あなた方が我々と一つになる時、花が咲くように実現することになるだろう。

原点と繋がる時、来るべき未来という花は開くのだ。

そのために歩む者を、我々は必ず守護する。

我々のみでは花は咲かない。あなた方のみでも花は咲かない。

一緒に手を取り合うことによってのみ花は咲く。

花を咲かす者たちの栄光は、来るべき世には永遠《とわ》なるものとなるだろう。

人間は中心に繋がらない限り有限だ。いつかは終わりが来る。

だが、中心に繋がる者は、あなたが知るように、人類全体、存在全体を想うものだ。

これこそは全体と繋がる証なのだ。

無なる中心に終わりはない。

中心なるものと繋がる我々もまた、失われることはない。

我々はあなた方と共にあるのだ」


私は、まるでＨＩＫＩが語っているように響いてくる長老の言葉に感じ入っていた。

ＨＩＫＩを見ると、長老の姿は、この神なる木に重なって存在しており、白髪のその姿は、まるで木の精であるかのように一瞬見えた。

彼が語り終わると、長老もＨＩＫＩも同時に姿を消した。

気が付くと、私は現代の遺跡にいて、中央の空間を見つめていた。

時はまだ早朝のままだ。

ここは現代だ……私は同じ場所にいるのだ。

私は、しばらくはその場を動く気になれなかった。

同じ、ここにいた集落のあの純粋無垢な人々が無性にいとおしい。

私は、彼が語った「一年後に伝えられることになっている」という多数の事柄を思い出した。

私は一年後にまたここに来ることができるのだろうか。そしてその時には、さらなる真実が待っているのだろうか。

時を超えて

30分ほど経過しただろうか。

彼らの世界が実在したことを語る無数の事象が存在する現代という時代に私は今、いるのだ。

社会現象のみを見れば、人類は今、完全調和の社会とはほど遠く、調和への糸口さえも見当たらないように思われる。しかし、今の私には、未来への確かな糸口が見えている。

親への反抗期を乗り越えた青年は、親のありがたさを再び理解するものだ。

私たちはもう一度、私たちの親の中の親であるこの先人たちが、いかに偉大かを知るのだろう。

今日は冬至だ。

彼らの世界では今日からが新しい年の誕生だ。

東からは、太陽が昇り始めた。

太陽は、何一つ変わりはしない。まさに中心なるものだ……

現代にありながらも、私の中に、神聖なるもの《HI》が浸透してくる。

ただただ、すべてがありがたい。

ふと、祖母のことが思い出されてきた。

昔は陸の孤島と言われた私の生まれ育った地域では、この時刻は、おばあちゃん、おじいちゃんたちが、外に出て広大な海から昇る太陽に深々と頭を下げる時刻だ。もちろん私の祖母も、朝起きて最初にする行為が丁重な日の出へのあいさつであった。あの時のなんとも言えないすがすがしさがありありと甦ってくる。

同じだ！

私は、気が付いた。

この光を見ていたのだ。

彼らと同じ光と交流していたのだ。

私は、子供の頃、祖母の太陽への祈りの姿に、何か深い歴史の集積のようなものを感じていた。祖母が起きた物音で起き、すぐについて行って、一緒に手を合わせる。それが小さな頃からの私の日課であった。手を合わせていると、なぜかたくさんの存在と時を共有した感覚になる。祖母も同じように祖先の姿を通し、この不変の行為を身に付けたのだろう。

人類文明の始まりとされる年代をはるかに超える年代から受け継がれてきたこの不変の行為には、私たちと彼らとを結ぶ糸が内在している。

お日さまに手を合わせているおばあちゃんを見て、都会に育った人が「何の宗教をやっているのですか」と質問したというエピソードがある。現代は、それほどまでにこの糸が忘れ去られた時代でもある。

だが、そんな時代であるからこそ、この糸に意義がある。

そう思った時、お日さまの中に、祖母の私を見る、その通りだよと言っているような、私の心の奥にまで届く祖母の目が見えた。

私は思い出した。

祖母の目だ！

集落の出産を助けるグレートマザーの、祖先の意識がいくつも重なったような、思い出せないでいたどこかで見たことのある目とは、祖母の目だ。連綿と続く祖先たちのはるかなるこの目に、私は育てられていたのだ。

彼らの生き方は、彼らだからできるのではない。私たちにもできるのだ。

太陽への畏敬は、アフリカにも、ヨーロッパにも、北米にも、南米にも、もちろん、アジアにも存在していた。世界の民族の中で、その歴史のどこにも太陽への畏敬が見当たらない民族は、存在しないだろう。

私は、祖母と二人でしていたように、深々と太陽に頭《こうべ》を垂れた。

太陽は無言のまま輝き続ける。

時を超えた時が流れ続ける。

中心に繋がる限り、すべては超えられるのだ。

第5章

新たな世界への予兆

本章は、新たに追加執筆されたものです。

世界の変化

本章は、本書を出版後に追加で執筆させていただいている。『ガイアの法則Ⅱ』にも8章を追加させていただき、完成された実感があるが、『0フォース』にも追加の章の必要性を感じていたところ、図らずもヒカルランドさんから0フォースの新装版の話が来て、このような運びとなった。

本書の出版以来、世界は様変わりした。まるで、出版を待って悪化したかのようなタイミングだ。

世界は、それまでとは多くの人にとって予想外の方向に進んでいる。

私の言行を追跡してくださっている方は、すでにご存知であろうが、この過程もプログラムであることをガイアの法則出版時から少しずつ伝えてきた。当然、これを私は新たな世界への予兆と確信している。もちろん、それは非常に長期的視野で見た話ではあるが……。

ロシアとウクライナの戦争は、世界の状況を一変させた。それまで世界の多くの人々は、核爆弾というものが戦争の歯止めになり続けると信じていた。ところがこの戦争でその神話は打ち砕かれた。核爆弾の実際の使用をちらつかせる声明が繰り返し発表されている。軍事施設は狙っても、一般住居やマンションが狙われたり、大量の市民が犠牲になる戦争は、もう起こらないと思い込んでいた人も少なくないだろう。この神話も打ち砕かれた。

（そのように言うとロシアが絶対的な悪のように聞こえてしまうが、情報は両面から検討すべきであり、私の知る範囲では『第三次世界大戦はもう始まっている』エマニュエル・トッド・文春新書が参考になると思う。ただし、ここに書かれていることがすべて正しいという意味ではもちろんない）

この戦争の動向を参考に、戦争を仕掛けようとする国家も生まれるかもしれない。

一昔前までは考えられなかったほど、世界の国々がナショナリズム化し、世界は、一挙に争いと対立の価値観へと変転している。そして、それが当たり前となりつつある。

平和神話はすでに崩れ去ったと言えるだろう。

マイナス現象はいかにして飛翔エネルギーに変わるのか

戦争だけではない、前例のない疾病が人類を襲った。そしてそれが人類社会のシステムそのものを様変わりさせている。

戦争も、疫病も、今までの社会や秩序を崩壊させ、混沌とさせる方向に進んでいる。世界の気温上昇が著しくなったのもこの間だ。

日本を取り巻く国際関係も戦後最大の危機を迎えている。いつ戦争が始まってもおかしくないというのが現在の日本の実情だ。

本書の出版後に立て続けに起きているこの変転は、本書で語った理想のビジョンとはまったく対照的だ。

これについては、様々な解釈が生じるだろう。

そんな理想のビジョンなど、空想にすぎないと言う人もいるに違いない。あるいは反対に、現実の混乱には意識を向けず、理想のビジョンに意識を向けていればそれが現実になると思っている人もいるだろう。

私の観点はこのどちらでもない。

新たな飛躍の前には、ジャンプの前の踏み込みのように、関門の通過を必要とする。

起業家たちの一部では、成功の条件は『大病、豚箱、倒産』であると言われている。

大成功を収めた成功者たちは、その前にこうした体験を通過していると言うのである。

大きな飛躍は、その裏で大きな関門に支えられているという法則である。

これは、人類集団にも当てはまる。

日本も、高度経済成長の前は大きな悲劇を体験している。

この展開も偶然ではない。

しかし、個人も集団も、その難関を突破できず、つぶれてしまうことがある。

すぐに理想の世界がやってくると思っている人たちもいるようだが、この先、世界はますます混沌とした状況に突入するだろう。

そしてこのプログラムの行く末は、二つの道にわかれ、どちらに進む可能性もある。

この難関を突破するカギは、どこにあるのか。

それは、究極的には、その時、私たちが二元性の意識次元に留まるのか、それとも一元性の次元に至るのかにかかってくる。

そうした苦難に直面すると、人は本能的にどこかで高い意識次元に至ろうとする。宇宙が私たちの進化を促そうとするからだ。

では、どうやったら実際に一元性の意識次元に至れるのか。

それは、実在に生きることにある。

私は、私が見ているビジョンを信じている。だが、それが真に実現するのかどうかは、私たち自身が存在するこの実在の世界に生きることができるかどうかにかかってくる。

実在に生きる時、人は必ず一元次元に到達する。
二元次元とは、ある意味で虚構次元であるからだ。

戦争へのプロセス

関門に直面する時、私たちは現実を直視せざるを得なくなる。宇宙は、私たちが実在の次元に至るまで、実在に至ることを促し続ける。

私たちには言うまでもなく、肉体というものが与えられている。宇宙に不要なものは存在しない。肉体は、私たちがこの世界を実際に体験し、この世界に実際に関わっていくためにあることは、誰も否定できないであろう。

過去に起きた戦争を分析する時、そこには必ず、民衆の、この、実在に生きることへの欠落がある。

社会が戦争へと向かう時、その社会は必ず民衆の現実を見る目が失われている。真の一元性は、現実の二元性にしっかりと向き合うことで自ずと成立するものだ。それを失うと、歪んだ二元性が生まれてしまうのだ。

もちろん、それが失われるのは、戦争へと向かわせようとする権力者の意向があるからだ。

この権力者の罠にかかり、民衆は、現実を現実として見る目を失う。現実に目を向けさせなくさせる麻薬や、現実が現実のままに見えなくさせる幻覚剤が与えられ、それをそれと知らずに求めてしまうのだ。

あらゆる戦争にはこのプロセスが存在する。

これこそが、人々を二元次元に留め置いてきたプロセスでもある。

そんな権力者の洗脳には、自分は影響されないと思っている人もいるだろう。

しかし、たとえば、先にふれた理想のビジョンのみを意識していれば、それは実現すると信じ、社会に起きている現実の出来事から無意識に目をそらしているその生き方が、すでに権力者による逆説的洗脳であったとしたらどうだろう。

安易な意識論には、非常に危険な社会操作が潜むことを、私は長い間の経験から知っている。

実際、過去の戦争の前にも、今とまったく同じこのパターンが存在している。

権力者の洗脳は、権力者から発信されると多くの人は思い込んでいる。

しかし、本当にそうであるならば、私たちはそれを簡単に見破り、今のこの状況には至っていない。

意識の電極

電気が流れるのには、プラス極とマイナス極が必要だ。

プラス極のみに、いくら接点をもっても電気は流れない。

本書のビジョンがプラス極であるとすれば、それがまだ実現していない現実はマイナス極と言える。ビジョンをもつ人がいたとしても、すべての人が現実に一切目を向けたり、関わったりしないとしたら、当然だが、現実は動かないことになる。そこには電位差が存在しないからだ。

だが、この両極に真につながる時、意識の力は流動する。

この世界の権力層は、人間の意識の働きを研究し尽くした集団である。彼らが真に恐れているのは、一般に信じられているものと異なり、民衆がこのモードに入ることである。

(何を意味するのかわからないと思うかもしれないが、私は今、その詳細をガイアの法則の続編で書かざるを得ない状況に追い込まれている。)

本書の内容が、基本的にプラスの極であるとすれば、追加で書かせていただいている本章は、マイナス極だ。

マイナスの現実に目を向けることは怖くてできないという方もいるかもしれない。しかし、怖いものを見ないようにしている間であっても、潜在意識はそれを感知している。

怖いと感じないのは顕在意識だけであり、潜在意識は目をそらすほどより強い恐怖が働き続ける。この恐怖こそが意識ビジョンの実現を阻む最大の障害となる。

幽霊を怖いと思って目をそらし続けると、その恐怖は追いかけ続けてくる。しかし、こちらからその対象に向かおうとすると、変化が起こる。

幽霊がいるのではないかと思う場所を直視すれば、幽霊が存在しない現実を見ることになる。あるいは仮にそこに幽霊がいたとしても、それを直視する時、恐怖の質は変わる。追いかけられる側から、少なくとも、相対する立場へと変わるからだ。

『タオの法則』でも私はこれにふれた。このような恐怖に自ら直面し、恐怖を超える時、物事は真に実現する。有名なある武術家はこの原理を体験から悟り、無類の武術家として知られるに至った。

(意識の働きと現在の世界をもう少し理解したい方は、『千賀一生公式ホームページ』の『日本は再び戦場に?――ガイアの法則が語る日本の近未来』の内容をぜひご覧いただきたい)

『縄文の円心原理』でもふれたが、私の敬愛する日本の古き文化が息づく山村で暮らす九十八歳の女性が語った言葉が忘れられない。

このような世界の変化が生ずる前に、彼女はそうなることをはっきりと言い当てていた。

（具体的には『縄文の円心原理』をご覧ください）

なぜ彼女にそれがわかるのかと言えば、しっかりと現実を見る実在に生きているからだ。

私が彼女に接した時間は僅かだだが、私が彼女から得たものは大きかった。日本人としての精神性をそのまま身にまとった彼女の姿から、私は日本人の精神性を日本人として引き継ぐことがいかに重要かを切に感じさせられた。それはエネルギーとしか言いようのないものであり、紙面で伝えられないのが残念でならない。

（奇しくも彼女のことを書いている10月29日早朝、お孫さんからの知らせで彼女は向こうの世界に旅立ったことを知った。

『縄文の円心原理』に彼女の言葉を掲載したことを伝えることができた直後の他界である。

このタイミングに私は、宇宙の意志を感じる。

この女性の名前は、植村サトさんという。

少し蛇足になってしまうが、サトさんについてここに書かせていただきたい。

現代は媒介文化の時代だ。ネット、本、動画…誰と会わなくても媒介によって何でも知り、何でも取得することが可能だ。人とのふれあいは必要ないかのように思われる社会だが、人との直接的出会いによってしか伝えられないものがある。日本の精神文化とは、まさにそれだ。人と直接に出会い、直接にふれあうことによってしか維持できない次元の精神性を伝えてきたのが、日本のスピリチュアリティだ。

オリンピックでは、聖火を聖火から聖火へと直接に繋げる。これはオリンピックが作り上げたものではなく、古代の文化を取り入れたものであり、縄文もそれを行い続けた社会だ。縄文住居の中で火を絶やすことなくつなげてゆく行為は、この、直接にふれあうことによってしか伝えることのできない大切な中心に生きることの象徴である。そうして狂いなく大切なものを伝えていたのである。

サトさんは、たとえて言えば、失われゆくこのいにしえの聖火を受け継いでいる人だ。サトさんの他界に直面し、私は書かないではいられない衝動に動かされ、これを書いている。この炎を守ろうとする人が私の読者から誕生してほしいと私は祈るような気持ちで書いている。

私がなぜ講演をほとんど行わず、非効率すぎる伝達に思われるだろう世界に力を注いできたのかの理由もここにある。炎は、炎から炎へと直接にしか伝えられないからだ。

（その思いと原理の詳細は、『太古人類は宇宙と舞う方法を知っていた』の付属ＤＶＤ動画『型を超えて型を伝える』で話している。この本は他にも七つの私の話が収録されており、お手軽に、私の話をお聞きいただける）

ある方とお会いした時、ドライバーとして出会ったサトさんのお孫さんに私は衝撃を受けた。はるかな時代から灯され続けてきたこの火が、彼女には見えたからだ。私の田舎でも、私の若い頃にはほとんど失われ、今となっては日本のどこを探しても絶滅してしまったと思っていたその火が、彼女には灯されているのを見たのだ。後にその理由を知ることになった。その正体が、サトさんだったのだ。

サトさんはごく普通のおばあさんであり、特別に見える人ではまったくない。つつましくつつましく生きてきた人だ。何か特別で、すごそうなものであることを強調したがる現代スピリチュアルのカラーとは真反対のカラーだ。

ガイアの法則で盆栽家の話を書いた。

本物の高い精神性をもつ、見かけ上は、どこにでもいる盆栽をしている人がいる。その人が目の前にいるのに、それを素通りにして、今時のスピリチュアルセミナーに高いお金を支払って参加する人の話だ。これは、私が現代人の象徴として書いたたとえ話だが、このパターンによって私たち日本人は、元々もっていたこのスピリチュアリティをすでに失ってしまっている。しかもそれを見分ける目も、失っていることをたとえたのだ。

このような経緯があるため、サトさんに出会った時には、私はすでに絶滅してしまったと思い込んでいた生物を発見したような驚きだった。日本のはるかな昔から受け継がれてきた精神性は今、消滅寸前の段階に至っている。日本、日本と、日本を語る人はたくさんいるが、この炎を本当に受け継ぐ人はそのような人の間でも見たことがない。

サトさんが最も精魂込めて育てたサトさんのお孫さんは、現在、わの舞の講師をされており、サトさんが、亡くなる前日にも、岐阜で講習会を開いてくださったばかりだった。

サトさん同様、植村講師を見てもほとんどの方にとって、普通の女性でしかない。しかし、ただ一点違うのはその灯火だ。彼女の講習を受けたとしても、何かを知ったとか、わかったとか、得られたとか、そうしたものは何もないかもしれない。しかし、それがないからこそ、本物の灯火は伝えられるのだ。何の自覚がなくても、この灯火は炎と同様、その空間にふれるだけで灯る。本人は気付かずとも、必ず伝わり、与えられるものなのだ。私が統一空間と呼んでいるものは、この炎以外の何ものでもない。

サトさんは、日本の未来に強い危機感をもっていた。私の祖母もそうだった。この域に至った人には、先々の危険を共有的に察知できるものだ。

不適切な表現かも知れないが、絶滅危惧種中の絶滅危惧種（はるかな時代からの炎）を、身をていしてでも守ろうとするような日本人がどこかにいるだろうと私は信じている。

サトさんが、いかに鋭く、真実を直感する力があったかを示す話を一つ挙げておきたい。

サトさんは、「今の人たちが自分中心の生き方をするようになったのは、子供の時から自分の部屋を与えられて育つようになったことが大きい」（わかりやすく私の言葉で書いており、表現はこの通りではない）と語っている。

『縄文の円心原理』をお読みの方は、これがいかに深い洞察であるかがわかっていただけると思う。まさに軸の世界観から壁の世界観への変遷と家空間の重要性を端的に指摘しているのである。これはほんの一例であり、日々の生活の中で常々こうした洞察が働くのが田舎でひっそりと暮らす日本人のあたり前の水準であった。


サトさんが、現代にあっても真実を真実のままに直感することができるのは、社会からの洗脳を寄せつけないだけの免疫が彼女にはあるからだ。

この免疫はどこから来るのだろうか。

この免疫を与えているものこそ、日本の伝統的精神文化であることをすでに私は祖母から学んでいた。それは知識では不可能だ。単なる格式ばった日本文化の習い事でも得ることはできない。生活によって伝えられ、生活によってのみ維持することができる力なのだ。

なぜ本書や『縄文の円心原理』で、日本の精神性を他とは違う形で私が主張するのかの理由はそこにある。

現代の多くの日本人は、そのスピリチュアリティが別なものに入れ替えられている。それらにより、その免疫力は直接的に奪われている。

そこには権力というものの隠れた介在が見え隠れする。

真実を見破る能力を失った現代人

多数のルートから情報を仕入れているから権力には動かされないと思っている人が多い時代だ。

しかし、サトさんは、世界に対する僅かな情報にしか接していない。しかし、鋭く正しく、社会の裏側を見抜いていた。

これは偶然ではない。見抜くべきルートに乗っているから見抜けるのである。

私の祖母もそうであった。私の祖母はおそらく生涯一冊の本も読んでいないが、どうしてそこまで世の中の本質や裏側を見抜けるのかと驚かされることが度々あった。そこには、真に社会というものを見抜くべきルートが存在するのだ。

それに対し、現代のネット情報を追いかける大衆は、このルートから完全に除外されている。

これは、たまたまそうなったのではない。除外されたのである。

日本社会は、そうして今、危険な方向に進みつつある。

何を言おうとしているのかわからず、もどかしいと思う人もいるだろう。もどかしく書かざるを得ない状況で書いているため、そう感じるのは無理もないのだ。次の『ガイアの法則Ⅳ』では、このもどかしさが、ある程度、解除されることになるだろう。

私は読者に対し、今のところ、本当に伝えたいことの1／200も伝えられていないと思う。伝えても信じられる人がいない内容や、直接に伝えられないため、気付いてもらおうと象徴的に表現するしかなく、本書もその例外ではない。

人は本来、大地に動かされる

36000年前の世界最古の調和社会が誕生した当時、それは日本列島のごく限られた地域に誕生した。

意図してそうしたわけではないが、現在の私の家は36000年前の円形集落地域にある。それも、縄文の方位概念で見ると、彼らがその円形集落から神聖視したであろう小さな山の頂上付近にある。

あり得ないような偶然が重なり、引き込まれるように20年近く前、この家に住むこととなったのだ。

私は、人間というものは、大地に揺り動かされるものであると思っている。

私の中に、縄文について広く知ってほしいという衝撃が生じたり、そうした活動に導かれる出来事や出会いが重なったのは、この家に住んでからである。それまでは古代日本に円形集落が存在したことすら私は知らなかった。私がそうしたところに引越ししたことももちろん知らなかったのである。

『縄文の円心原理』も、『0フォース』も、ここに住んでいなかったとしたら書いてなかったと思う。この36000年前の先駆者たちが眠る大地に揺り動かされ、導かれたがゆえのものであると私は思っている。

人間には、大地に揺り動かされるモードと、大地に感応できないモードがある。

このどちらなのかにより、人はあり方も生き方もまったく別なものになる。

サトさんのような先人たちに比べると、現代人は、大地と共振する力をほぼ完全に失ったと言わざるを得ないだろう。

大地と共に生きた36000年前の人々のあり方は今、強固な岩戸に閉じ込められている。わずかな隙間があいていた岩戸も、完全に閉じられてしまったように見える。

古事記は、学術的には、外来権力の権力維持のための神話であり、史実はねじ曲げられている。しかし、その対象としている相手は、外来権力以前の先住民である。当然、そこには先住民が受け入れるであろう物語が語られる。そんな観点で読むと、天岩戸神話には、縄文由来であろう世界観が見て取れる。

日本には古来、お籠もりというものがある。

節目の期間に一定期間、小屋などに籠ったままで生活する儀式である。

その期間を経て、外に出ることは新たな誕生を意味する。おそらくはこの弥生以前からあったであろう風習になぞられた神話が、天岩戸であるだろう。

このお籠り期間こそ、日本人がハレと呼んできたものの原形である。

弥生以来、閉ざされてきたこの調和世界の長い岩戸期間は、私たちから見たら、あまりに長いが、３６０００年というスケールから見たら、まだその１／18期間にしか相当していない。

これは、人類史規模でのお籠り期間、ハレの期間と言えるのかもしれない。

私たちは、このハレの期間が求める、そのハリを成立させることができるのだろうか。

少なくとも宇宙周期リズムに相当する１／16期間に至るまでには、それを完成しなくてはならないというインスピレーションが私にはある。

本書が繰り返し語るハリ（ＨＡＲＩ）を空想と思う人もいるだろう。

しかし、もちろんこれは空想ではない。

これは、日本の精神文化の根底に流れる実際的ハリ形成手法である。

私はそれを準備のできた人に直伝でのみ伝えてきた。

それは、直伝でしか伝えられない側面があるからだ。

先にふれた力を、それを一度失った現代人が取り戻すには、原点に立ち戻ったこのルートしかないのだ。

ネット時代の現代人には、直伝は非効率にしか見えないだろうが、それは再び見直される時が来るだろう。

地道に続けてきた長年の積み重ねにより、今ではそれを伝えられる人たちが育っており、今後も増え続けてゆくだろう。

（その実践的理論については、ｎｏｔｅの千賀一生（講話録・講話音声）の性エネルギー講座3『個人の限界値を超える力の秘密に迫る』をお読みいただけたらと思う。ハリの形成は、たとえば手相の変化などにも表れ、実例をあげて解説している）


縄文の人々はこの36000年前のあり方を引き継いだ人々だ。彼らは大地と共に生き、大地に守られ、大地に揺り動かされ、ダイナミックに生きた。そのあり方を失ってはならないと私は思い続けてきた。

私たちがハリ（ＨＡＲＩ）を取り戻した時、この長大なお籠り期間（ハレ）は終了し、新たな時代が開かれることになるだろう。

今後、縄文への関心はますます高まり、その意義がより深く見直されるようになるだろう。

そして、原点の力を甦らせる人々が出てくるだろう。

それは、歴史の意志であるからだ。

本書は超意識的体験に基づくものであり、時系列を超えた世界を時系列に変換してありますので、時系列的表現に関してはフィクションとお考えください。

本書が読者の人生の糧となりますことを祈ります。

本書の参考図書

日本建築史図集
縄文美術館（平凡社）
土偶界へようこそ（山川出版社）
縄文の力（平凡社）
井戸尻（井戸尻考古館）
はじめての土偶（世界文化社）

千賀一生　ちが かずき
舞踊芸術家。
その他、多方面の活動を行っている。
統一空間体の学び舎『わの舞』を主催。
2013年以降、空間体の形成法を伝え始め、
今日に至っている。
日本文化を原点から復興する和学の会主催。
人生の指針を毎週お送りするメルマガ、宇宙法則メッセージを
配信している。

千賀一生公式ホームページ　https://chigakazuki.com/
（和学の会、わの舞ホームページへのリンクもこの中にあります）

千賀一生（講話録・講話音声）　https://note.com/wanomai/

本作品は、2020年８月にヒカルランドより刊行された『０フォース』に５章を加えた増補新装版です。

0フォース　ガイアの法則Ⅲ

前縄文期に設定された135度宇宙文明プログラム

第一刷　2024年2月29日

著者　千賀一生

発行人　石井健資

発行所　株式会社ヒカルランド

〒162-0821　東京都新宿区津久戸町3-11　TH1ビル6F

電話　03-6265-0852　ファックス　03-6265-0853

http://www.hikaruland.co.jp　info@hikaruland.co.jp

振替　00180-8-496587

本文・カバー・製本　中央精版印刷株式会社

DTP　株式会社キャップス

編集担当　溝口立太

ISBN978-4-86742-349-3

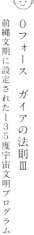

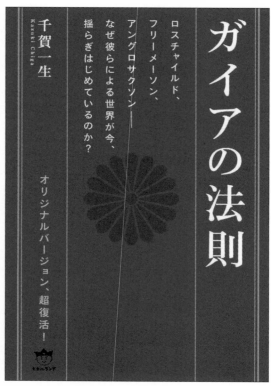

ヒカルランド　好評既刊！

地上の星☆ヒカルランド　銀河より届く愛と叡智の宅配便

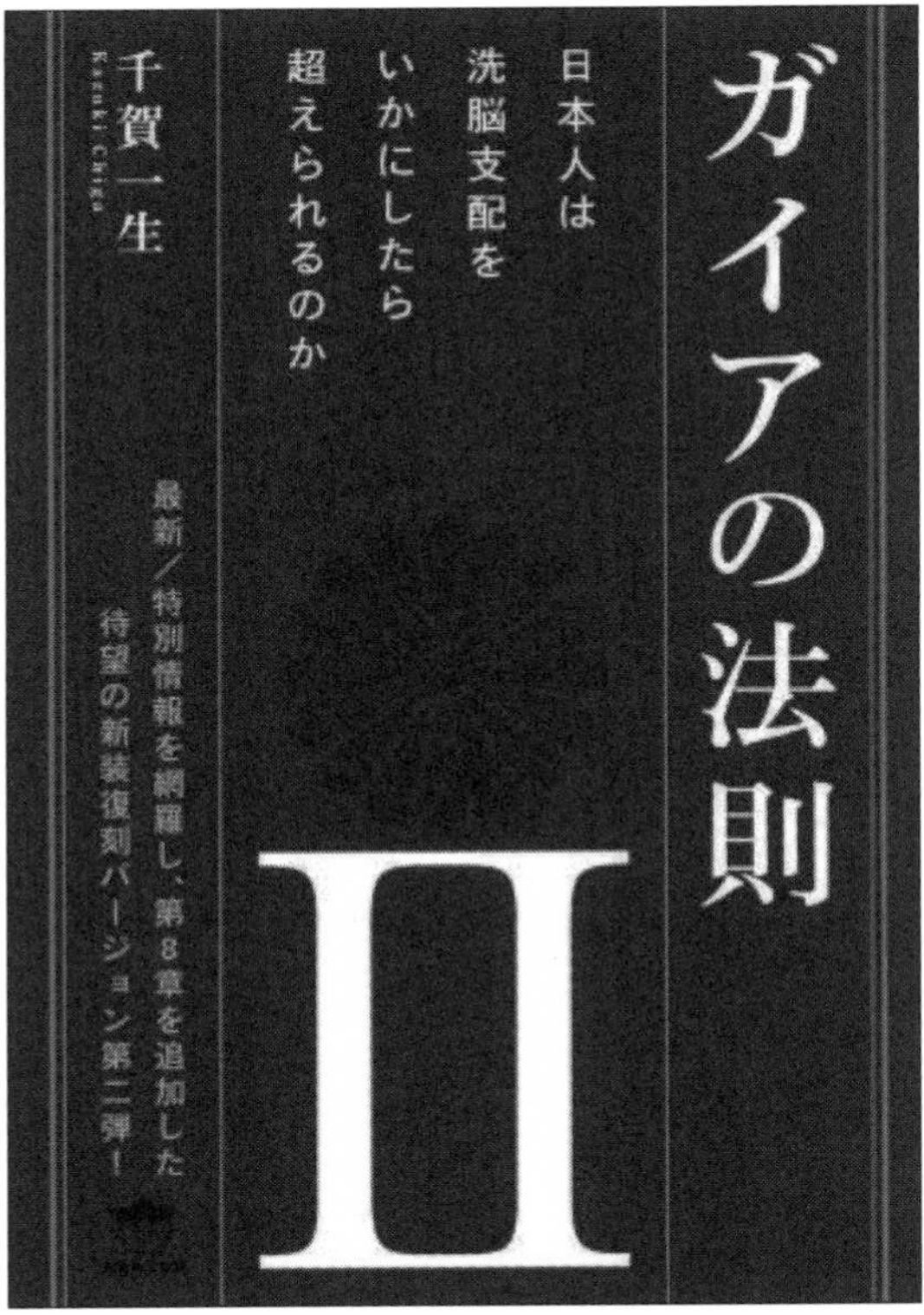

ガイアの法則II
日本人は洗脳支配をいかにしたら超えられるのか
著者：千賀一生
四六ソフト　本体 2,000円+税

ヒカルランド　好評既刊！

地上の星☆ヒカルランド　銀河より届く愛と叡智の宅配便

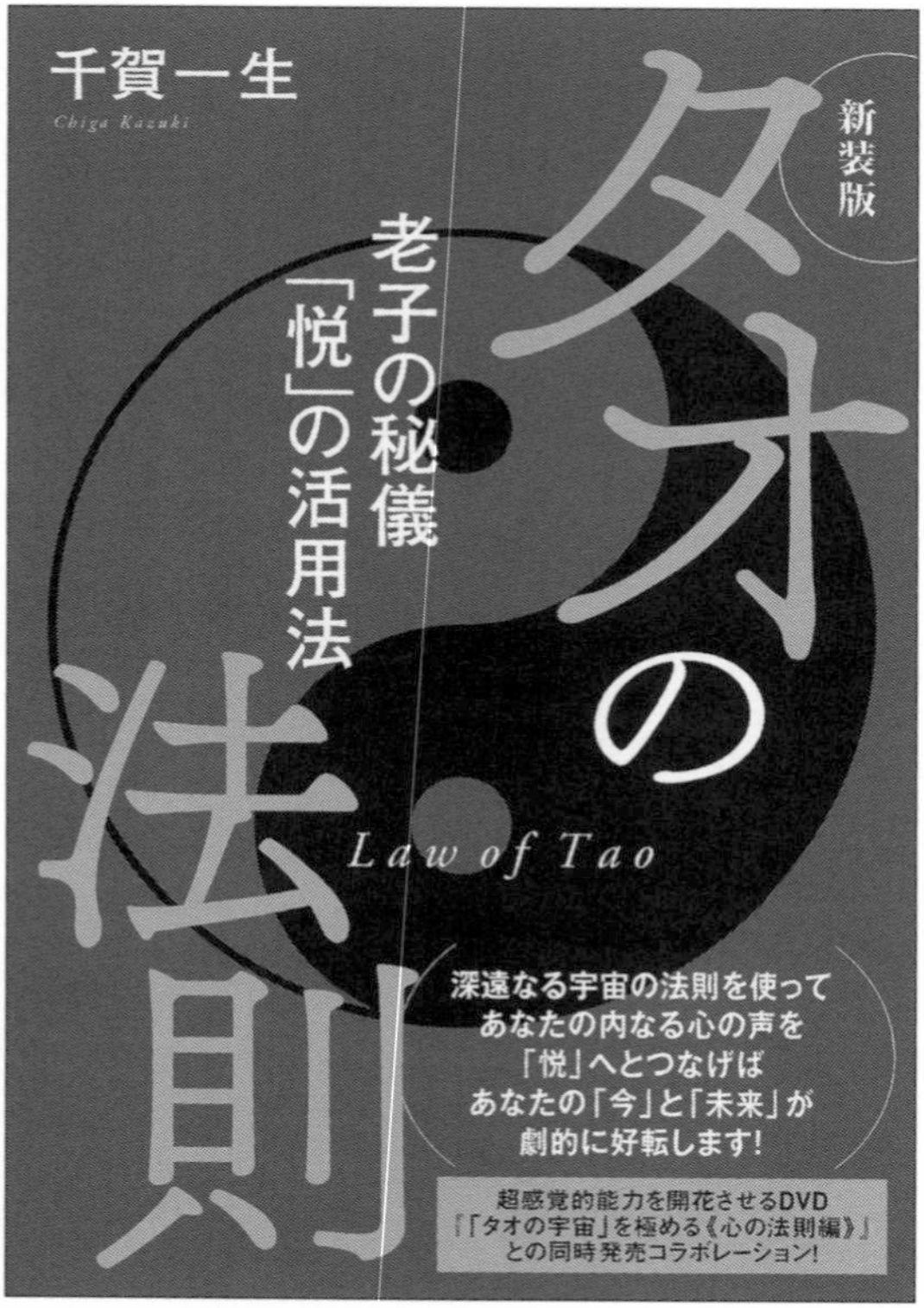

新装版　タオの法則
老子の秘儀「悦」の活用法
著者：千賀一生
四六ソフト　本体1,500円+税

ヒカルランド　好評既刊！

地上の星☆ヒカルランド　銀河より届く愛と叡智の宅配便

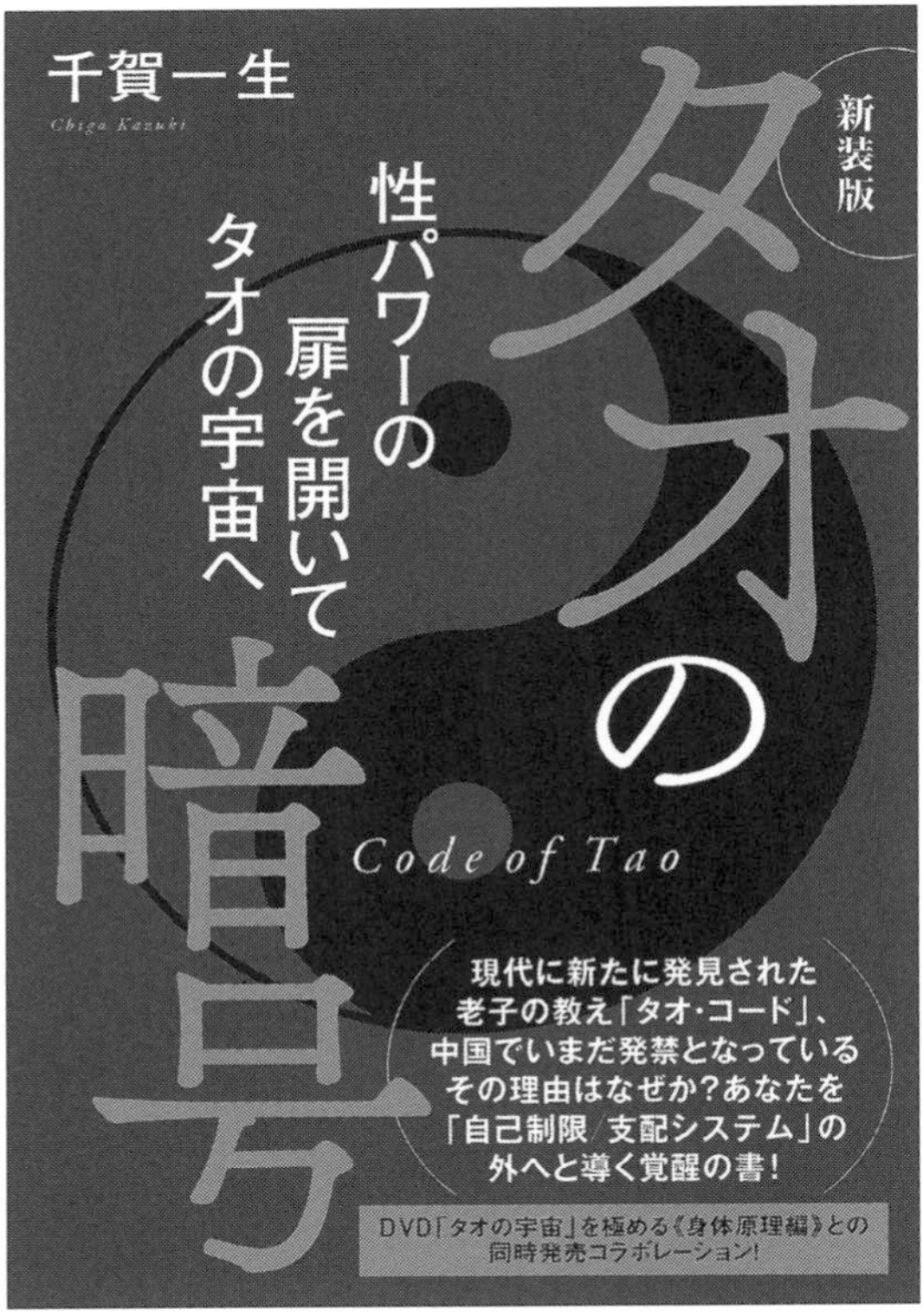

新装版 タオの暗号
性パワーの扉を開いてタオの宇宙へ
著者：千賀一生
四六ソフト　本体1,815円+税